«A los presbíteros de vuestra comunidad, yo, que como ellos soy presbítero y testimonio de los sufrimientos de Cristo, y que con ellos he de compartir la gloria que está a punto de revelarse, les hago esta recomendación: apacentad el rebaño de Dios que os ha sido confiado; velad por él, no como quien cumple un deber impuesto, sino de buen grado, por amor a Dios. No debéis ejercer un poder autoritario con aquellos que os han sido encomendados, sino más bien convertíos en el modelo del rebaño.»

(Primera Carta de san Pedro a los romanos, 5, 1-3)

A Luna, Patricia y Adélaïde

Título original: *Urbi et Orbi. Deux mille ans de papauté.*

Traducción: Margarita Latorre

Dirección: Pierre Marchand y Elisabeth de Farcy
Edición: Paule du Bouchet
1.ª edición: octubre, 1997

Bailén, 84 - 08009 Barcelona (España)

Impreso en Italia - Printed in Italy
Impreso por Libraria Editoriale, Trieste, Italia
ISBN: 84-406-7706-5

URBI ET ORBI

DOS MIL AÑOS DE PAPADO

Francesco Chiovaro y Gérard Bessière

Barcelona - Madrid - Buenos Aires - México D. F. - Santiago de Chile

I·N·R·I

El papado es la más antigua de las instituciones occidentales. Para la tradición católica, el papado procede de la voluntad de Jesús a través de Pedro y de sus sucesores. Sin embargo, otras tradiciones cristianas sólo lo consideran el resultado de una coyuntura histórica. Pero lo cierto es que el papado surgió en el seno de la Iglesia de Roma entre la Antigüedad y la Edad Media.

Capítulo I
JESÚS, PEDRO Y EL PAPA

Representación simbólica (izquierda) en la que se evoca el momento en que Pedro (al lado, junto a Pablo) y los apóstoles inician su viaje como misioneros «hacia todas las naciones», según Mateo (Evangelio, 28, 19), «hasta los límites de la tierra», según Lucas (Hechos de los Apóstoles, 1, 8).

EN EL NOMBRE DE JESÚS: LAS PRIMERAS IGLESIAS

En su breve período como profeta, Jesús habló del advenimiento de un Reino de Dios pero no fundó ninguna Iglesia. Después de su muerte, un grupo de discípulos anunció que había resucitado y proclamó que se trataba del Hijo de Dios, del Salvador del mundo. Se les denominó cristianos porque también creían que Jesús era el Cristo, el Mesías anunciado por los profetas de Israel. Entre estos discípulos, considerados como testigos directos, se destacaron doce, los apóstoles, que habían vivido con el maestro durante los dos o tres últimos años de su vida y a quienes había encargado la misión de propagar la Buena Nueva, el Evangelio.

La estructura de las comunidades cristianas era todavía embrionaria; puesto que se esperaba el regreso del Salvador, cualquier forma de organización tenía que ser forzosamente provisional. Bautizados en el nombre de Jesús, los cristianos se reunían regularmente para

■ *Cuando se acercaba el momento de su detención, Jesús compartió con sus apóstoles uno de los ágapes sagrados para los que se reúnen a veces los judíos piadosos. Con los símbolos del pan y el vino, ofreció su vida e hizo que sus amigos participaran de su entrega. Luego, les dijo: «Haced esto en mi memoria.» El rito de la Cena (ágape) o de la Eucaristía (acción de gracias) fue repetido desde el principio por los discípulos de Jesús y se incorporó definitivamente al cristianismo.*

■ *Pablo de Tarso (abajo), un joven judío culto convertido en el año 34, tuvo un papel decisivo en la predicación del cristianismo a los judíos y a los paganos.*

rezar, escuchar la doctrina de los apóstoles y compartir el pan y el vino, símbolos de la presencia viva de Cristo entre ellos hasta su regreso.

Pedro, entre Pablo y Santiago

La vida de las comunidades primitivas no estuvo libre de dificultades. Los documentos ponen de manifiesto muchas tensiones. Una cuestión crucial provocó desde el principio un apasionado debate: ¿había que admitir a los paganos entre los creyentes? Y si se les aceptaba, ¿había que imponerles las prescripciones de la Ley, que se remontaban a Moisés y a la Alianza establecida entre Dios y el pueblo judío?

Un apóstol poco común, Pablo de Tarso, se convirtió en el paladín de un cristianismo abierto a todos, liberado de las trabas de la tradición. Pablo tenía una visión personal del Resucitado, quien le habría confiado una misión particular. Abogó por la supresión de la Alianza mosaica y de la Ley e hizo tambalear las ya frágiles relaciones entre cristianos y judíos. Esto le enfrentó con Santiago, hermano de Jesús y dirigente de la comunidad de Jerusalén, exponente de una de las corrientes más fieles a las tradiciones del pueblo escogido.

En una decisiva polémica, Pedro fluctuó entre Pablo y Santiago; aceptó a los paganos en las comunidades palestinas antes que Pablo pero, a veces, presionado por el grupo de Santiago, admitía que los paganos convertidos debían someterse a algunas observancias judías. Pedro se convirtió en el apóstol de más relieve, el que gozaba de mayor autoridad en el conjunto de la comunidad, y supo sacar partido del consenso que se creó en torno a su persona para encontrar soluciones de compromiso. Quería impedir que el cristianismo, tan plural en su origen, se fragmentara en multitud de sectas.

■ *«Perseguía a la Iglesia de Dios [...] cuando Él que me ha llamado a través de su gracia ha considerado oportuno que su Hijo se revelara en mí.»* (S. Pablo, *a los gálatas* [I, 13-16.])

■ *En el camino de Damasco, adonde se dirigía para detener a los cristianos, Pablo fue rodeado por una luz celeste (arriba) que le derribó de su caballo y pudo escuchar las palabras de Jesús. El perseguidor se convirtió en un apóstol y fundó comunidades en Asia Menor y Grecia. A través de sus cartas, reveló la continuidad y la originalidad de Cristo respecto a la religión judía.*

EL CUESTIONAMIENTO DE LOS EPÍGONOS

Entre los años 80 y 90 se inició un giro. Casi todos los testigos directos de la resurrección de Jesús habían muerto. Pedro y Pablo fueron ejecutados en Roma hacia el año 64. La Iglesia madre de Jerusalén fue arrasada cuando los romanos destruyeron la ciudad en el año 70. Santiago había desaparecido unos años antes. Las comunidades se habían multiplicado, y en su mayor parte no habían recibido la enseñanza directa de los apóstoles. Se da como cierto que tenían una dirección colegiada, siguiendo el ejemplo de una práctica común en las comunidades judías de la diáspora. A aquellos responsables se les llamaba «presbíteros» (ancianos), «diáconos» (servidores) o «episcopios» (inspectores), sin que se haya confirmado si estas denominaciones correspondían a funciones diferentes. Aunque los primeros dirigentes de las comunidades más antiguas fueron nombrados por un apóstol fundador, sus sucesores eran elegidos por todos los fieles.

■ *En los Evangelios, Pedro (arriba) es el que dirige el grupo de los apóstoles. Los Hechos de los Apóstoles le presentan como la cabeza de la Iglesia recién creada y hablan de su actividad como misionero. El Nuevo Testamento no menciona explícitamente su viaje a Roma, pero los testimonios de autores antiguos lo demuestran con toda certeza. No se sabe cuánto tiempo vivió allí. También se ignora qué papel ejercieron él y Pablo. Ambos fueron ejecutados alrededor de los años 64-67, durante la persecución de Nerón. Según una tradición del siglo* III, *confirmada por Tertuliano, Pedro, por humildad, pidió ser crucificado boca abajo (izquierda).*

Nunca se puso en duda el principio de que la elección correspondía a toda la comunidad. Con la segunda generación cristiana se plantearon nuevas cuestiones. Si Jesús era el Hijo de Dios, ¿fue realmente un hombre? ¿No era más lógico considerar que su humanidad era sólo aparente? En tal caso no estaba realmente muerto, sino que sólo debió hacerlo creer. Su resurrección pondría fin a las apariencias. Considerándolo así, todo parecía más «razonable».

La respuesta a estas preguntas se encontraría buscando referencias en los apóstoles fundadores. Estos apóstoles, una vez desaparecidos, se convirtieron en «autoridades»: Santiago, Juan, Pablo, Pedro, Tomás... Los escritores cristianos de este período estaban interesados en conseguir una mínima unidad entre las Iglesias. Una vez más, en aquel cristianismo fragmentado o que corría el riesgo de serlo, se impuso la referencia a Pedro. Ésta parecía englobar la referencia a Pablo y, más tarde, a Juan.

■ *En los cuatro Evangelios, Pedro y Pablo hablan de la Resurrección de Jesús (al lado) en términos que difieren sensiblemente en función de los autores, de aquellos a quienes se dirigían, de las perspectivas doctrinales subyacentes. Pero la afirmación fundamental es la misma en todos: Jesús no permaneció en poder de la muerte sino que Dios hizo que resucitara y permaneciera vivo para siempre.*

■ *En Roma ya había cristianos antes de la llegada de Pedro y Pablo. Pero ambos predicaron allí la fe en Jesús y dieron testimonio de él hasta el martirio, sellando su obra con su sangre. También se les ha considerado los verdaderos fundadores de la Iglesia de Roma. Afianzada por este doble patrocinio, ésta se convirtió en la depositaria y garante de la verdadera fe, recibida de Pedro y Pablo (al lado).*

Esta referencia implicaba un hecho capital: la tradición que se remontaba a Pedro transmitía la auténtica doctrina cristiana. Esta tradición fue la que difundieron los escritos que más tarde se denominaron el Nuevo Testamento. Las Iglesias de Oriente se mantuvieron fieles a esta convicción fundamental: la «fe» de Pedro era la «piedra» sobre la que se edificó la cristiandad.

■ *Desde el siglo IV se dispuso de manuscritos completos del Nuevo Testamento, escritos en griego, la lengua internacional de la época.*

Las sedes apostólicas del siglo II

A lo largo de todo el siglo II, en las comunidades cristianas no se planteó el problema de las «estructuras». La cuestión esencial seguía siendo la fe. La pregunta que se hacían no era «¿quién gobierna?» sino «¿qué es lo que hay que creer?»

Después de la polémica sobre la admisión de los paganos, de las controversias acerca de la humanidad de Jesús, la tercera gran crisis que atravesó el cristianismo estuvo relacionada con la reinterpretación del mensaje cristiano: la gnosis (el «conocimiento»). Las tradiciones judías, el interés por el esoterismo de la época, la natural curiosidad de los fieles que querían saber más,

INCIPITEPĪAPAV
TOLIADROMAN

favorecieron las especulaciones más fantasiosas sobre Dios y su Cristo, sobre el mundo de aquí abajo y el del más allá. Abundaron falsos Evangelios, falsos Hechos de los Apóstoles y falsas Cartas de los Apóstoles en aquel ambiente ansioso de novedades. El mensaje cristiano corría el riesgo de diluirse en aquel torbellino de especulaciones, en lo que se denominaría la «crisis gnóstica».

Las Iglesias «de Pedro»

De un modo casi natural, la búsqueda de la fe ortodoxa hizo que las miradas se volvieran hacia los lugares en que ésta fue proclamada por primera vez. Como los textos del Nuevo Testamento no aportaban respuestas a todo, se buscó un punto de referencia en las Iglesias «apostólicas» —las que habían sido fundadas por un apóstol—, que conservaban la tradición auténtica: Éfeso, Antioquía, Corinto, Roma, Esmirna...

Transcurrido un tiempo, sin que pueda precisarse la fecha, parece ser que prevalecieron tres Iglesias,

■ *La carta de San Pablo a los romanos fue escrita durante el invierno de los años 57-58, y en ella se dirigía a la comunidad cristiana de Roma. Hablaba de su proyecto de ir a España, exponía su fe con una gran fuerza ante aquellos que le calumniaban o que se entretenían en posiciones próximas a las de los judíos. La carta a los romanos, cuya interpretación resulta a veces difícil y controvertida, constituye uno de los faros que iluminan la teología cristiana.*

denominadas «Iglesias de Pedro»: Antioquía, Roma y Alejandría. Éstas basaban su autoridad en el hecho de haber recibido las predicaciones de Pedro, y se suponía que eran depositarias de la «fe de Pedro».

Roma tenía a su favor el haber sido el lugar escogido por dos apóstoles, Pedro y Pablo, para su predicación, y el hecho de que ambos hubieran muerto allí; desde los orígenes, fue la Iglesia de los primeros mártires, la única

■ *Éfeso tenía 200.000 habitantes alrededor del siglo I. Pablo pasó allí más de dos años (hacia los años 54 al 57). Pero su predicación ponía en peligro el comercio de objetos piadosos y los orfebres le obligaron a abandonar la ciudad.*

Iglesia apostólica de Occidente. Era la Iglesia de la capital del Imperio.

La organización interna de esta Iglesia se convirtió en un modelo, y las alabanzas por la ayuda que prestaba a las Iglesias con dificultades se extendieron hasta Oriente.

En el momento en que la crisis gnóstica hacía tambalear a toda la Iglesia y en que había que encontrar a cualquier precio el sentido de la doctrina y de la tradición apostólica (dos palabras clave en la historia cristiana), los espíritus preocupados por la unidad y la ortodoxia volvieron sus ojos hacia Roma, hacia la fe de Roma, pues, como decía Ignacio de Antioquía en el siglo II, «Roma nos enseña a todos».

Éste era también el planteamiento de Hegesipo, que expuso en sus *Memorias*. Hegesipo viajó desde Oriente buscando la «verdadera doctrina transmitida por los apóstoles». En un primer momento la encontró en Corinto, y luego en Roma. Las dos Iglesias apostólicas habían seguido transmitiendo ininterrumpidamente la doctrina de los apóstoles. Ireneo de Lyon también tomó partido contra la gnosis. Hacia el año 180 publicó su tratado contra los herejes, en el que retomaba el argumento de la «tradición apostólica» formulado por Hegesipo. En resumen, se remitía a «la más grande y más antigua Iglesia, conocida por todos y fundada por los apóstoles Pedro y Pablo, la Iglesia de Roma». A finales del siglo, Roma gozaba de un gran prestigio.

■ *San Marcos es el autor de uno de los Evangelios. Se le considera el discípulo e intérprete de Pedro, que se dirigía a él llamándole «mi queridísimo hijo». También fue compañero de Pablo. Según la tradición, fundó la Iglesia de Alejandría, donde fue martirizado hasta la muerte. Parece ser que su cuerpo fue trasladado más tarde a Venecia. De él descendieron varios linajes de obispos (arriba, san Marcos y sus treinta y cinco sucesores).*

La aparición del episcopado monárquico en el siglo III

También en el siglo II, durante el cual se buscaba la verdadera fe en las Iglesias apostólicas, se esbozó en las comunidades una tendencia hacia el «episcopado monárquico»: el presidente de la dirección colegiada tendió a convertirse en el único responsable. No fue una evolución continuada y uniforme sino que dependía de varios factores, en particular de la personalidad del presidente. En el siglo III, en todas partes había ya obispos «monárquicos».

Un hecho notable y sorprendente es que en Roma se dio esta forma de episcopado con un cierto retraso respecto a las demás Iglesias. Tal vez debido a su estructura más tradicionalista, la Iglesia de Roma (al igual que la de Alejandría) iba a la zaga de esta evolución.

No puede establecerse con precisión en qué momento la Iglesia de Roma tuvo por primera vez un obispo, aunque es posible que fuese en la segunda mitad del siglo II. Un siglo más tarde, Cornelio (251-253) o Esteban I (254-257) fueron probablemente obispos monárquicos en una Iglesia romana con una organización muy estructurada.

■ *El futuro obispo de Roma, Calixto I (217-222) habilitó el cementerio que lleva su nombre en la vía Appia, donde se halla la «cripta de los papas» (abajo, a la izquierda), que contiene los restos de numerosos obispos y diáconos de Roma del siglo III (abajo, epitafio del diácono Severo).*

En la época de Cornelio había 46 sacerdotes, 7 diáconos, 7 subdiáconos, 42 acólitos, 56 exorcistas, lectores y porteros, y la Iglesia romana subvenía también de forma regular al sustento de 1.500 viudas y huérfanos.

Roma frente a Cartago

Cornelio y Esteban I se hicieron célebres sobre todo por sus relaciones, a veces tormentosas, con Cipriano, obispo de Cartago. Éste no sólo era obispo sino también el teórico del episcopado. En su libro *La unidad de la Iglesia católica* (251), precisaba que esta unidad residía en la persona del obispo. Los fieles, en comunión con él, formaban la Iglesia local; los obispos, en comunión entre ellos, formaban la gran Iglesia, guiada por la «ley del amor y de la concordia», y el concilio de los obispos era su espacio de expresión. A partir de aquel momento, Cipriano reservó el término de «hermanos» únicamente para los obispos; a los fieles se les denominaba en general «hijos». Cipriano proponía por tanto una estructura «episcopal» de la Iglesia.

■ *Cipriano, cuyo nombre figura en el mosaico de estas fuentes baptismales (arriba), fue uno de los grandes obispos y teólogos cristianos del siglo III. Nacido hacia el año 200, y convertido en obispo de Cartago en 248, se ocultó durante la persecución de Decio, y más tarde abogó para que se concediera la indulgencia a los cristianos que habían abjurado; fue detenido en el año 258 y murió decapitado.*

■ *La estela de esta tumba del siglo V pone de manifiesto que en esta época la Iglesia era considerada como la madre de los creyentes: «Ecclesia Mater».*

La Iglesia de Roma, Iglesia de Pedro

¿Qué papel le correspondía al obispo de Roma en aquella estructura de «comunión»? Cipriano sostenía sin lugar a dudas que no había un «obispo de obispos» que pudiera imponer decisiones a sus colegas del episcopado (exactamente decía: «a la manera de los tiranos»). Pero sus enfrentamientos con Roma, así como la polémica utilización del título *episcopus episcoporum* («obispo de obispos»), ponen de manifiesto que Roma empezaba a considerarse el centro de esta red de comuniones. La Iglesia de Roma y su portavoz el papa (aunque este término todavía no se aplicaba al obispo de Roma) consideraban que les correspondía a ellos decir la última palabra en materia de fe y de disciplina eclesiástica.

A finales del siglo III, la búsqueda de una solución a los problemas de la fe cristiana se dejó en manos de las estructuras eclesiásticas. No todos los obispos eran copartícipes de esta opinión, entre ellos Cipriano.

Incluso en Roma, nadie utilizaba todavía el célebre texto del Evangelio según san Mateo («Tú eres Pedro y sobre esta piedra edificaré mi Iglesia») [16,18] para justificar la primacía del papa. Pero el prestigio y la convicción de los romanos no dejaban lugar a dudas: la Iglesia de Roma, Iglesia de Pedro, era el centro de la comunión eclesiástica.

■ *Los orantes (al lado, del latín* orare, *orar) aparecen en numerosas representaciones del arte paleocristiano, en particular en las catacumbas. Los brazos levantados en un gesto de súplica al Salvador son desmesuradamente grandes, como queriendo acentuar el acto de la oración.*

Los acontecimientos del siglo IV cambiaron radicalmente la historia cristiana. El cristianismo, que hasta entonces era una religión proscrita, fue permitido y más tarde oficializado. En la Iglesia, reconocida como «católica imperial», se hizo patente el problema de las relaciones con el Estado. Paralelamente se desarrolló la estructura de la asamblea cristiana. Oriente siguió evolucionando según el esquema conciliar, mientras en Occidente iba tomando cuerpo la teoría de la supremacía papal.

CAPÍTULO II
EL SELLO DE ROMA

■ *El nombre del papa Liberio (352-366) está relacionado con la construcción de la basílica Liberiana en el Esquilino (izquierda), reformada en el siglo V, en que se convirtió en la iglesia de Santa María la Mayor. Pero la gran figura del último período de la Antigüedad fue Gregorio I (590-604, al lado).*

La «paz de Constantino»

El siglo IV tuvo un mal comienzo para la Iglesia. Los emperadores Diocleciano (284-305) y Maximiano II (286-305), así como sus sucesores Galerio (305-311) y Maximino II (311-313) decidieron acabar con la palabra «cristiano» de una vez por todas. Durante diez años (303-313) se llevó a cabo una gran persecución, que produjo innumerables mártires y muchos apóstatas. Según el *Liber Pontificalis*, el propio obispo de Roma, Marcelino (296-304), se puso en evidencia al ofrecer sacrificios a los ídolos.

Esta situación se invirtió en el año 313. En febrero, los nuevos señores del Imperio, Constantino (313-337) y Licinio (313-324) publicaron en Milán un edicto que concedía a todo el mundo, y en especial a los cristianos, la plena libertad de religión y de culto.

La política religiosa de Constantino en favor del cristianismo se intensificó a partir del año 324, fecha en la que obtuvo un triunfo frente a su yerno y rival

■ *El término «catacumba» (en griego: cerca de la cañada) designaba un lugar preciso próximo a la vía Appia que formaba una profunda depresión. Esta denominación acabó aplicándose a todos los cementerios cristianos de Roma. Estas necrópolis comunitarias eran utilizadas por los cristianos para enterrar a los muertos o para rezar. Las catacumbas de Calixto y de Domiciano tenían más de 16 ha y 15 km de galerías, donde tenían cabida de 15.000 a 20.000 inhumaciones.*

Licinio. Exhortó a todos los habitantes del Imperio a abandonar los «templos de la impostura» y a entrar en «la resplandeciente casa de la vida».

La Iglesia de Roma, por encima de todas las demás, se benefició de la munificiencia imperial. Le fue entregado el espléndido palacio de los Laterani (Letrán), lugar donde una basílica construida en el año 315 (la catedral de Roma) conserva todavía el título de «Cabeza y madre de todas las iglesias» (*Caput et mater omnium ecclesiarum*). También se edificaron otras suntuosas basílicas en el emplazamiento de las tumbas de los mártires romanos más célebres: Pedro, Pablo, Inés, Lorenzo.

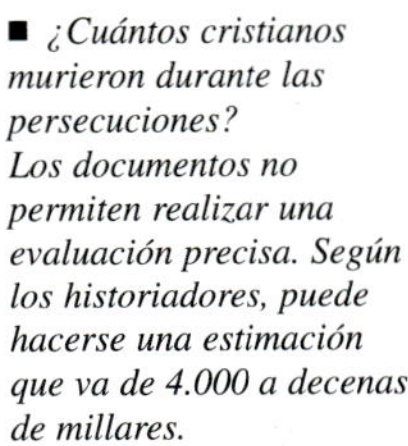

■ *¿Cuántos cristianos murieron durante las persecuciones? Los documentos no permiten realizar una evaluación precisa. Según los historiadores, puede hacerse una estimación que va de 4.000 a decenas de millares.*

■ *Las persecuciones empezaron a afectar a la comunidad cristiana de Roma en el año 64, con Nerón. Durante todo el siglo* II, *los cristianos estuvieron expuestos a cualquier denuncia. La palabra «mártir» en griego significa «testigo». El mártir es el que prefiere morir antes que renegar de su fe (al lado). El culto a los mártires tuvo una gran relevancia en la Iglesia, que los consideraba como modelos e intercesores ante Dios.*

El concilio, institución de la Iglesia imperial

El largo pontificado del obispo de Roma, Silvestre (314-335), le hizo coetáneo del emperador Constantino, pero sin poder competir con él. Silvestre estaba ocupado en cicatrizar las heridas de la última persecución: la memoria reciente de un papa apóstata le aconsejaba mantener una actitud discreta. En cuanto a Constantino, era alabado como el nuevo fundador del cristianismo, el «igual de los apóstoles». El emperador estaba satisfecho con su nueva función y se sentía el «obispo universal del exterior». No se trataba de un título honorífico, puesto que en la más pura tradición romana el emperador se encargaba de resolver las querellas religiosas. Para asesorarse sobre su nuevo cometido, no se dirigió al obispo de Roma sino a las asambleas de los obispos, los concilios.

Durante el siglo III ya se habían celebrado algunos concilios, que se decantaban como la forma habitual de solucionar las diferencias que surgían entre las Iglesias. Con Constantino, los concilios se convirtieron en una institución de la Iglesia imperial. En el año 313 en Roma y en el 314 en Arles, se intentó llegar a un acuerdo sobre la problemática de los donatistas (un cisma originado en el Norte de África,

■ *Silvestre I (izquierda) fue un papa de poco carácter. El emperador Constantino convocó los concilios de Arles (314) y de Nicea (325) sin rendirle cuentas. En el siglo V, una leyenda le atribuyó la conversión del emperador.*

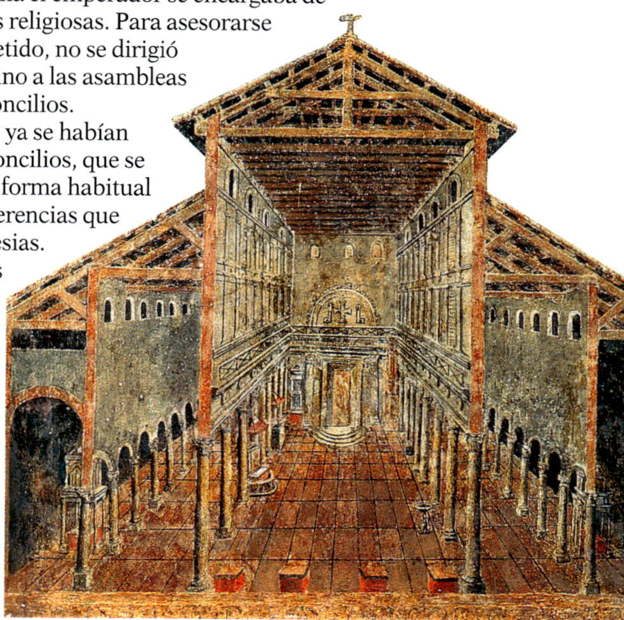

■ *En la época del papa Silvestre, Constantino hizo construir la iglesia episcopal de Roma con un baptisterio, en el emplazamiento de un cuartel. Esta «basílica constantina» se convirtió más tarde en San Juan de Letrán.*

como consecuencia de las secuelas de las persecuciones). En Nicea (325), se trató la herejía de los arrianos, que provocaba conflictos en Oriente. Los papas enviaban representantes, pero las decisiones de los concilios se convertían en obligatorias en virtud de la confirmación imperial.

■ *Hacia el año 320, Arrio, un sacerdote de Alejandría (abajo,la herejía de los arrianos), predicaba que Jesucristo, el Hijo de Dios, no era eterno, como el Padre, pero que era la primera y más elevada de las criaturas. El concilio de Nicea, en el año 325, afirmó la consustancialidad del Padre y del Hijo. El arrianismo, mezclado con implicaciones políticas, siguió creando divisiones en la Iglesia hasta que inició su declive con el bautizo de Clovis en el año 496.*

La Roma eterna

En el año 330, Constantino adoptó la decisión de trasladar la capital imperial de Roma a Bizancio, que a partir de entonces pasaría a denominarse Constantinopla. En un principio, la creación de una «Nueva Roma» no debió ser muy bien aceptada, sobre todo porque después de la muerte de Constantino y de una nueva división del Imperio, se escogieron otras ciudades de Occidente como residencia imperial: Aquilea, Milán, Rávena, en detrimento de Roma. Pero al mismo tiempo el emperador liberaba a la Iglesia de Roma de su farragosa presencia, con lo que el obispo de Roma ya no corría el peligro de convertirse en el capellán del emperador.

Una vez que la Ciudad quedó desposeída de su Imperio, empezó a surgir una nueva ideología, la de la «Roma eterna», basada en la Roma cristiana que tomaba el relevo de la Roma imperial. El Imperio romano se había desplazado hacia Oriente, pero en Roma permanecía lo esencial: la tradición cristiana, fundada por los apóstoles Pedro y Pablo. Al hallarse en Roma las tumbas de los príncipes de los apóstoles, se convertía en la Ciudad santa de los cristianos. Al mismo tiempo, el obispo de Roma no sólo era el patriarca de Occidente sino que, como sucesor de Pedro, podía opinar acerca de las cuestiones que afectaban al conjunto de las Iglesias. El arraigo de esta

■ *En Roma, durante la celebración de la Eucaristía, se invitaba a los cristianos a darse «el beso de la paz»: los hombres besaban a las mujeres y éstas lo hacían entre ellas.*

ideología fue posible gracias a una intensiva cristianización de la ciudad. La vieja aristocracia y la nueva clase dirigente se convirtieron al cristianismo. Los nuevos cristianos aportaron a la Iglesia romana riqueza, prestigio social y cultural, y el orgullo de ser romanos.

■ *En el monograma de Cristo (arriba, a la derecha) pueden verse las dos primeras letras de la palabra Khristos y la primera y la última letra del alfabeto griego, una alusión al Apocalipsis que habla de Cristo como el alfa y el omega de todas las cosas.*

UN MODELO DE CIUDAD CRISTIANA

Entre los siglos IV y V, Roma se convirtió en una ciudad casi enteramente cristiana. El dinero de los emperadores y de los nobles romanos se utilizó para proporcionarle

un renovado aire cristiano. En ninguna otra parte se construyeron tantas basílicas y baptisterios como allí. Se remodelaron los cementerios (las catacumbas) y se prestó ayuda a las viudas y huérfanos. Era evidente que Roma aspiraba a ser un modelo de ciudad cristiana.

Los primeros frutos de esta nueva mentalidad se manifestaron en el concilio de Serdica (Sofía), en el año 343. En el transcurso de este concilio, el primero realmente general, los occidentales aprobaron los cánones 3 y 5, rechazados por los orientales. Se estableció que cualquier obispo cesado por un concilio provincial podía apelar al obispo de Roma. De ese modo, Roma empezaba a sentar las bases jurídicas de su primacía.

La situación se hizo más explícita con el papa Dámaso I (366-384), también llamado el papa poeta. Fue el primero en hablar de «sede apostólica» y en utilizar el texto del Evangelio según san Mateo, 16, 18 («Tú eres Pedro y sobre esta piedra edificaré mi Iglesia») para de ese modo sostener que la Iglesia de Pedro, la Iglesia de Roma, era la única verdadera Iglesia de Cristo. Amigo de san Jerónimo, el apreciado consejero del emperador Teodosio, Dámaso fue el inspirador del edicto del año 380 que convirtió a la religión cristiana en la única religión del Imperio. La fe de la Iglesia, precisaba el edicto, era la fe de Dámaso, obispo de Roma, y de Pedro, patriarca de Alejandría (¡que había muerto en el año 373!).

■ *«Y yo te digo: tú eres Pedro y sobre esta piedra edificaré mi Iglesia. Y el poder de la Muerte no prevalecerá sobre ella.»* (San Mateo,16, 18) *(abajo).*

La «paz cristiana»

Entre los sucesores de Dámaso, hay que hacer especial hincapié en Ciricio (384-399) y en Inocencio I (402-417). Fueron los primeros en dar una forma concreta a la ideología de la Roma eterna, con las «decretales», las cartas de los papas en respuesta a las preguntas que les planteaban los obispos. Desde aquel momento, en los archivos de la Iglesia romana se empezaron a conservar las copias de estas cartas que sentaban jurisprudencia.

La primera gran figura de la historia pontificia fue León I, el Grande (440-461). Sin duda era un auténtico romano, que se distinguía por su dignidad, energía y cultura, de las que dio prueba en medio de las agitaciones tumultuosas de su época. En el año 452, León mantuvo cerca de Mantua una entrevista con Atila, rey de los hunos, a resultas de la cual consiguió

■ *Durante uno de los períodos más difíciles que atravesó el Imperio de Occidente, destruido por las invasiones bárbaras, únicamente el pontificado de León I, que se prolongó durante veintiún años, dio muestras de permanencia y de autoridad, de un auténtico prestigio. En el año 452, cuando Atila estaba a punto de invadir Roma y el emperador Valentiniano II no era capaz de oponerle una verdadera resistencia, el papa, junto con dos senadores romanos, fue enviado como embajador para entrevistarse con el rey de los hunos, que renunció a adueñarse de la ciudad (abajo).*

convencerle de que renunciara a saquear Italia. En el año 455, Genserico, rey de los vándalos, ocupó Roma durante su campaña iniciada en África. León consiguió que la ciudad no fuera arrasada a sangre y fuego.

El ideal de León era la «paz cristiana», que iba a suceder a la «paz romana». Ambas tenían su origen en Roma. La paz romana la aportaron las legiones; la paz cristiana procedía, como de una fuente, de la Roma cristiana y de la cátedra de Pedro. El obispo de Roma, sucesor de Pedro, se convirtió en su garante. Sobre él recaía la responsabilidad de todas las Iglesias. Los obispos de las diócesis debían colaborar con el obispo de Roma, que era el único que detentaba plenos poderes (*plenitudo potestatis*). Era la primera afirmación clara y precisa de la primacía papal.

■ *Los macedonios (arriba), adeptos de la doctrina de Macedonio, obispo hereje de Constantinopla, que fue depuesto en el año 360, no creían en la divinidad del Espíritu Santo. Fueron condenados en varios concilios celebrados en Alejandría (363) y en Roma (369, 373, 380). La herejía fue finalmente refutada de forma decisiva en el concilio ecuménico de Constantinopla en el año 381.*

«LA AUTORIDAD SAGRADA DE LOS OBISPOS»

León no era sólo un hombre teórico, sino que intentó gobernar de acuerdo con sus ideas sobre la paz y sobre la Iglesia. En el concilio de Calcedonia (451), zanjó la disputa monofisita (acerca de la cuestión de si la persona de Cristo comportaba una doble naturaleza, humana y divina). En Arles, impidió que el obispo Hilario se

convirtiera en una especie de patriarca de los galos. En ambos casos fue decisivo el apoyo de los emperadores, Marciano y Valentino III, respectivamente. Pero todavía había que dejar que madurase la aplicación de la teoría de León sobre la primacía papal. Aunque desautorizó el canon 28 del concilio de Calcedonia, que establecía la primacía del obispo de Constantinopla, después de la del obispo de Roma, no por ello Constantinopla dejó de convertirse en el segundo patriarcado de la Iglesia.

Entre los sucesores de León, la historia ha destacado el breve pontificado de Gelasio I (492-496). Su nombre está relacionado con una carta escrita al emperador Anastasio I en el año 494. En ella explicaba y llevaba hasta sus últimas consecuencias la ideología de la paz romana: «Sólo hay dos autoridades que rigen esencialmente el mundo: la autoridad sagrada de los obispos (*auctoritas sacrata pontificum*) y el poder real (*regalis potestas*). Pero de ambas, la primera tiene un mayor peso (*gravius pondus*) porque debe rendir cuentas a Dios, incluso en lo que concierne a los reyes. En cuanto al orden público, es decir, a los asuntos temporales, incluso los eclesiásticos de mayor rango deben obedecer las leyes imperiales».

Este texto obtuvo una celebridad inaudita. Fue el testamento legado por la Antigüedad a la Edad Media. Desde aquel momento, la primacía iba a ser formulada en términos de derecho público y a enfrentarse con los poderes seculares. ¿No había otra forma de ser papa?

■ *Bizancio, ciudad griega fundada en el año 658 a.C. en el Bósforo (arriba), en el siglo IV fue escogida por Constantino como capital del Imperio romano, por su situación entre Occidente y Oriente (a la izquierda, el trono que simbolizaba el poder imperial en Constantinopla). A partir de aquel momento, Roma se convirtió cada vez más en la sede de los papas. Numerosas disputas políticas y religiosas condujeron en el año 1054 a la separación entre la Iglesia de Oriente y la Iglesia de Occidente. Los turcos tomaron Constantinopla en el año 1453.*

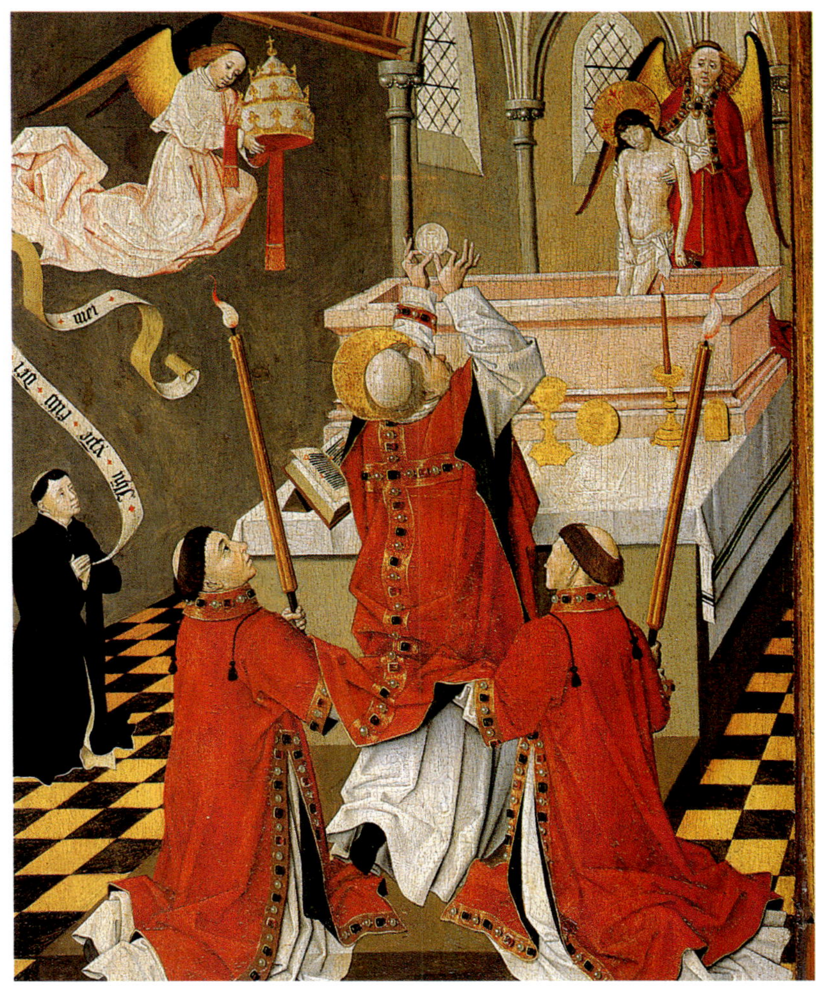

■ *El papa Gregorio I (590-604) contribuyó a la formación de la liturgia romana, en particular a través de sus formularios para la celebración de la misa, que tuvieron una influencia duradera en Occidente.*

Y el obispo de Roma se convirtió en papa

La respuesta se hizo esperar un siglo y vino en otra forma de ser papa, que llevaba el nombre de Gregorio I el Grande (590-604). Gregorio pertenecía a la nobleza romana de mayor rango, la de la *gens* Anicia. Era asimismo el biznieto de un papa, san Félix III (526-530). Fue prefecto de Roma siendo aún muy joven, y más tarde se retiró al monasterio que había fundado en su casa familiar, junto al Celio. Ordenado diácono, fue enviado como legado a la corte de Constantinopla. En el año 590, cuando tenía cincuenta años, y en contra de su voluntad, fue elegido papa por el clero y el pueblo romano.

Gregorio no gozaba de buena salud, hasta el punto de que a veces no podía pronunciar los discursos que él mismo escribía, y un diácono tenía que hacerlo en su lugar. Reconocía que tenía poca cultura e incluso dudaba en el uso correcto del latín. No deja de ser un misterio cómo este hombre pudo llevar a cabo una actividad desbordante durante los catorce años de su pontificado.

Prestaba la misma atención a las pequeñas cosas que a las de mayor importancia. Han llegado hasta nosotros más de ochocientas cincuenta de sus cartas, lo que nos proporciona información sobre sus actividades y sobre la sociedad de su tiempo. En ellas se habla de las masas hambrientas de Italia, de las guerras de los lombardos, de la administración de los bienes de la Iglesia en Sicilia, de sus esfuerzos para proteger la ciudad de Roma, que se encontraba abandonada a su suerte por unos emperadores que se hallaban demasiado lejos. Se enfrentó a la pretensión del patriarca de Constantinopla, empeñado en llevar el título de «patriarca ecuménico»: «Un título impío y arrogante.» En cuanto a él, siguió firmando como lo hacía antes de ser papa: «Servidor de los servidores de Dios.» Reformó la liturgia romana y prestó su

■ *Después de haber ejercido importantes cargos administrativos, Gregorio se hizo monje. Asumió el papado contra su voluntad y ejerció su función con humildad y sabiduría. Fue venerado durante su pontificado, como lo atestigua el nimbo cuadrado que enmarca su cabeza (arriba), un elemento de la iconografía de la época que indicaba que un personaje había sido representado durante su vida. Después de su muerte, fue canonizado (izquierda) y denominado «el Grande», el único papa junto con León I que recibió este calificativo.*

apoyo al monacato benedictino, que seguía limitado a algunos monasterios en el sur de Italia.

Pero este hombre también sabía mirar más allá de Roma. Desde la época de su embajada, mantenía unas relaciones cordiales con Constantinopla. Se interesó por los francos de la Galia y los visigodos de España, y supo respetar su especificidad. Envió a un grupo de monjes a evangelizar Gran Bretaña. Sus cartas a Agustín de Canterbury constituyen un magnífico ejemplo de sabiduría y tolerancia.

Su deseo de dar respuesta a los problemas de la época, le llevó también a escribir algunas obras que obtuvieron un éxito notable en aquel momento. La más famosa fue un tratado sobre la función del obispo en la vida social, *Liber regulae pastoralis*.

Su propio estilo pontifical ponía de manifiesto que el papado no suponía ningún problema para la pervivencia de la diversidad de las Iglesias, sino más bien la forma de ejercerlo. Pasó a formar parte de la historia con las dos palabras que están grabadas en su tumba: *Consul Dei* (el «cónsul de Dios»).

■ *El monacato cristiano se inició en Egipto, en el siglo* III, *especialmente con san Antonio (356), cuya* Vida, *escrita por san Atanasio, contribuyó al auge del ideal monástico. A finales del siglo* IV, *san Martín fundó el monasterio de Ligugé, san Honorato el de San Vicente de Lérins, y Casiano el de Marsella. En el año 529, Benito fundó el monasterio de Montecassino y, su regla, extendida por Gregorio Magno que también escribió su biografía, ha inspirado hasta nuestros días a la orden benedictina y ha propiciado la existencia de monjes en Occidente.*

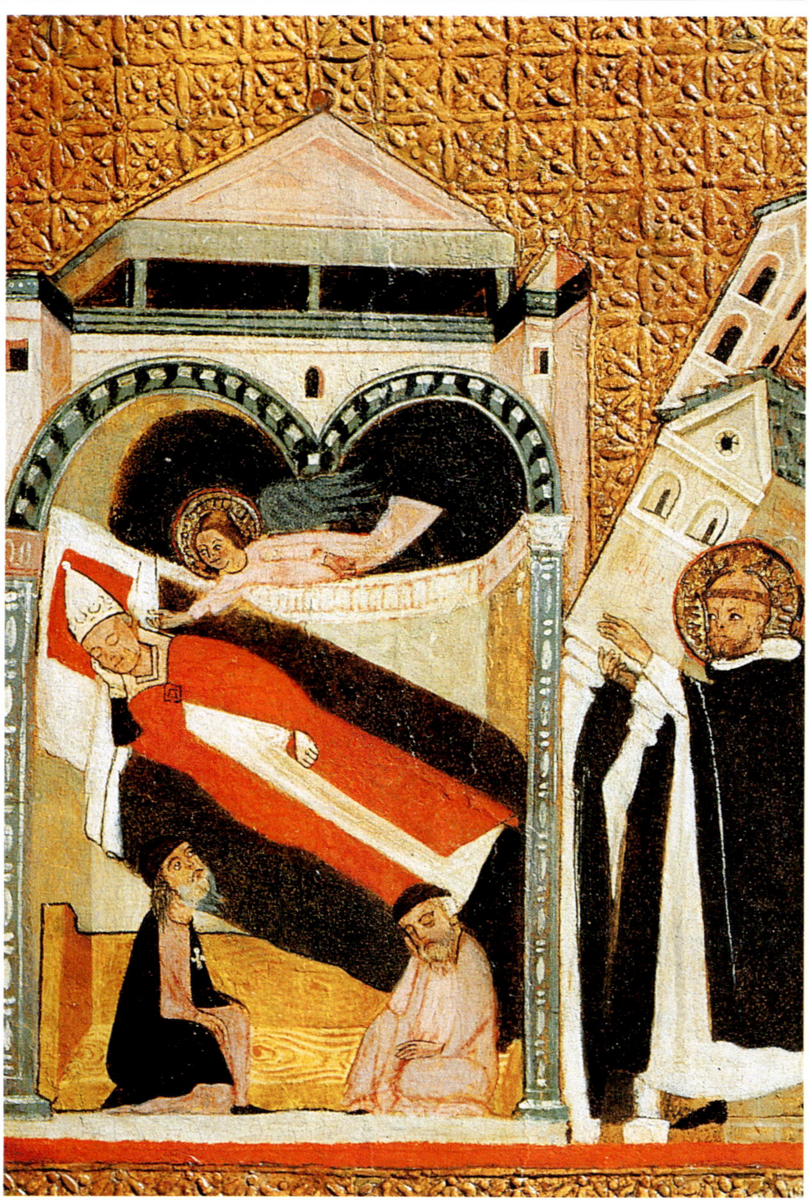

Con la muerte de Gregorio I se acaba la Antigüedad. En pocos años, el Islam ocupó las provincias más prósperas del Imperio: Siria, Palestina, Egipto y más tarde el norte de África. En el año 718, los árabes atravesaron los Pirineos. Occidente se redujo al mismo tiempo que el cristianismo occidental, al desaparecer las dos Iglesias con mayor autonomía: la Iglesia africana y la Iglesia visigoda española. Un nuevo mundo surgía en el horizonte, la Edad Media. El papado, a través de mil peripecias, iba a convertirse en su pilar.

Capítulo III
EL SOBERANO PONTÍFICE

■ *La iconografía y los textos cristianos han representado a menudo la pesadilla de Inocencio III: la Iglesia se hundía, sostenida por un monje. Esta alegoría se refiere al papel esencial ejercido por las órdenes mendicantes, las únicas capaces de llevar a cabo la misión evangélica de la Iglesia.*

La formación de los Estados pontificios

En los siglos VII y VIII, Roma y su territorio aún formaban parte del Imperio bizantino. El emperador tenía poder sobre la elección del papa y su cese, si lo consideraba necesario. Así, Martín I (649-653), fue desposeído de su cargo por un emperador que veía con recelo sus veleidades de independencia, enviado a Constantinopla donde fue juzgado, azotado públicamente y condenado al exilio en Crimea, murió a consecuencia de las torturas.

■ *Los concilios nacionales de la alta Edad Media (abajo, el de Toledo) reunían, bajo la presidencia del rey y del obispo metropolitano, a los obispos y altos funcionarios del reino.*

Más cerca de Roma, los lombardos codiciaban la península italiana, pero los papas les bloqueaban el camino. Hostigados por los lombardos, los papas buscaron apoyo en los francos.

En el año 739, el papa Gregorio III (731-741) llevó a cabo un primer intento de acercamiento a Carlos Martel, que se tradujo en un fracaso. La ocasión propicia se presentó durante el papado de Zacarías (741-752). Pipino el Breve había concentrado en sus manos todos los poderes del reino merovingio. Sólo le faltaba la corona. Pero ¿cómo deponer a Childerico III, el último de los merovingios? Cuando se consultó al papa, éste declaró que quien detentaba el poder tenía derecho al título de rey. La autoridad moral del papado ratificó el golpe de Estado. La consecuencia fue que Pipino fue proclamado rey en la dieta de Soissons en el año 751, y Childerico III fue encerrado en un monasterio.

■ *El 28 de julio del año 754, el papa Esteban II consagró al rey Pipino, a su esposa Berta y a sus dos hijos, Charlemagne y Carlos, el futuro Carlomagno. La referencia bíblica a la consagración del rey David convirtió al rey de Francia en el «ungido del Señor».*

La donación de Constantino

El 14 de octubre del año 753, el papa Esteban II (752-757) emprendió viaje a Francia para cosechar lo que había sembrado su antecesor. El 6 de enero del año 754, Esteban y Pipino se encontraron en Ponthion, en la

Champagne. Las negociaciones finalizaron el día de Pascua con la Promesa de Quercy: el papa estableció la legitimidad de los carolingios, y por su parte el rey se comprometió a liberar al papado de la opresión lombarda. En dos campañas (754 y 756), Pipino venció a los lombardos y depositó en la tumba de san Pedro el acta de donación de los territorios que había conquistado por derecho de guerra (*iure proelii*).

■ *Los francos fueron los primeros bárbaros en convertirse al catolicismo. Después de la victoria de Tolbiac contra los alemanes, Clovis se hizo bautizar por san Remigio, obispo de Reims, el 25 de diciembre del año 496.*

La protesta del emperador de Constantinopla, alegando que los territorios cedidos al papa por Pipino pertenecían al Imperio, no se hizo esperar. Se difundió entonces un documento falso, la «Donación de Constantino». En él se hacía constar que el emperador Constantino, que estaba enfermo de lepra, había sido bautizado y curado por el papa Silvestre en el año 330. Constantino, en agradecimiento, hizo entrega a Silvestre y a sus sucesores del palacio de Letrán, de los emblemas imperiales, la ciudad de Roma y «todas las provincias, todos los territorios y las ciudades de Italia y las regiones de Occidente». Ésta fue la razón por la que Constantino trasladó a Bizancio la capital del Imperio.

■ *La Donación de Constantino se compone de dos partes distintas, denominadas por la crítica moderna* confessio *y* donatio. *En la primera, el emperador hace profesión de sus creencias, que le fueron inculcadas por el papa Silvestre, el relato de su enfermedad y su curación antes de convertirse. En la* donatio, *Constantino hace entrega al papa de una donación muy diversa: la primacía sobre las iglesias de Oriente; las iglesias de Letrán, de San Pedro y de San Pablo Extramuros junto con otros bienes en diversas provincias; su palacio de Letrán; los emblemas imperiales; el privilegio de ordenar a los senadores; y el poder total sobre Letrán, la Iglesia de Roma e Italia. Este texto, escrito en los círculos de la curia romana en la segunda mitad del siglo* VIII, *se convirtió en el siglo* XI *en el argumento fundamental de la supremacía papal. En el siglo* XIV *se expresaron dudas sobre la autenticidad de la Donación de Constantino; pero hasta el siglo* XV, *el cardenal Nicolás de Cusa y el humanista Lorenzo Valla no demostraron que era falso. La Iglesia no admitió la falsedad del documento hasta el siglo* XIX.

Durante toda la Edad Media, la falsa Donación de Constantino constituyó la justificación del poder temporal de los papas. El papado había encontrado las bases territoriales necesarias para su independencia y el desarrollo de sus actividades.

CARLOMAGNO Y LA IGLESIA CAROLINGIA

El papa León III, para afianzar un poder que estaba en entredicho, prosiguió la política de alianzas con los carolingios llevada a cabo por sus predecesores. Se convirtió en el blanco de la hostilidad de la aristocracia romana, y después de resultar ileso de un atentado y de librarse de la cárcel, solicitó la ayuda de Carlomagno, con quien se entrevistó en Paderborn. Pero sus enemigos le acusaron de adulterio y de perjurio. En el año 800, fue visitado por Carlomagno en Roma, donde convocó un concilio con el fin de resolver la situación. Pero el concilio se declaró incompetente: «Nadie puede juzgar el trono apostólico». El 23 de diciembre, Carlos exigió al papa un juramento de inocencia; el día de Navidad, era coronado emperador de los romanos por el pontífice.

El acontecimiento desbordó a los propios actores. El papa adquirió el derecho de consagrar a los

■ *El papa, a pesar de verse obligado a realizar un humillante juramento de inocencia, al consagrar a Carlomagno le invistió del poder necesario para vencer a sus enemigos y restablecer el orden en la ciudad de Roma.*

■ *En la iglesia de San Pedro de Roma aún puede verse la piedra de coronación imperial (al lado, coronación de Carlomagno). León III, aprovechando el declive de Bizancio, ¿soñó acaso con la restauración de la unidad imperial? En cualquier caso, respetando las costumbres, hizo que el pueblo romano aclamara tres veces consecutivas a Carlos: «¡Larga vida y victoria al piadoso Carlos, Augusto, coronado por Dios, grande y pacífico emperador!»*

emperadores, lo que permitió al emperador abrogarse el derecho de controlar totalmente la Iglesia. Carlos, el nuevo Constantino, se adjudicó los títulos de «Rector de la Iglesia» y de «Funcionario de Dios». Al papa le dejó la tarea de rezar por la prosperidad del Imperio.

La grandiosa obra de Carlomagno se vino abajo después de su muerte. Los papas, en general hombres piadosos y santos, no supieron o no quisieron aprovecharse de la libertad que les confería la debilidad de los carolingios.

Tan sólo un papa intentó convertirse en el dueño de Occidente, Nicolás I (858-867). Aquel noble romano sólo contaba con treinta y ocho años cuando fue elegido papa y tenía una idea muy elevada de la función pontificia: los ámbitos de la Iglesia y del Estado debían estar separados; la intervención del poder secular en la Iglesia era ilegítima, pero no obstante la Iglesia tenía el derecho de controlar el Estado. Dentro de la Iglesia, todo el poder estaba en manos del obispo de Roma; los sínodos eran sólo los órganos de ejecución de las decisiones papales.

El pontificado de Nicolás I fue sólo un paréntesis. La disgregación del Imperio carolingio dejó al papado en manos de las familias romanas y propició su hundimiento.

El siglo de hierro

La muerte del papa Formoso (891-896) marca el comienzo del denominado «siglo de hierro». Su acceso al pontificado se puso en tela de juicio, así como sus alianzas y la validez de sus ordenaciones. Su sucesor, Esteban VI (896-897) llevó las cosas aún más lejos: decidió exhumar el cuerpo de Formoso y revestirlo con los hábitos pontificios. Una vez depositado el cadáver en el centro de la basílica de San Pedro, fue juzgado por un concilio presidido por el papa.

■ *Con la consagración, el emperador dejaba de ser un simple laico. Ligado a la jerarquía eclesiástica, se convertía en un hombre de Iglesia. Como clérigo, ayudaba en la misa papal como diácono y llevaba la dalmática, el hábito de su orden (abajo).*

■ *El papa Formoso había muerto hacía diez meses cuando, por orden de Esteban VI, su cadáver fue exhumado del sarcófago situado en el porche de San Pedro. En enero del año 897 fue convocado un concilio en la basílica vaticana para juzgar al papa difunto. Sentaron el cadáver en un trono y, a su lado, un diácono respondía a las acusaciones del tribunal. Las actas de este proceso macabro fueron destruidas. Lo ocurrido en esta ceremonia fue dado a conocer por testigos contemporáneos. Formoso fue condenado por ambición y perjurio. Según las costumbres antiguas, fue despojado de los hábitos pontificios. Sólo un cilicio se quedó incrustado en la carne en descomposición. Fue revestido con ropas seculares y entregado al odio del populacho. Después de una crecida, el Tíber arrojó el cuerpo de Formoso al campo romano, y el papa Teodoro II le hizo enterrar solemnemente a finales del año 897.*

A continuación el cadáver fue degradado, condenado, arrastrado por las calles de Roma y echado al Tíber.

El «concilio cadavérico» encendió las pasiones. La miseria en que se hallaba el Imperio, sobre todo Italia, acrecentó la confusión. Durante un siglo y medio (904-1046), el papado se convirtió en centro de atención de los partidos romanos. En este período se sucedieron cuarenta y cuatro papas o antipapas (papas ilegítimos), de los que nueve fueron asesinados, otros tantos cesados y siete exilados. Se ha llegado a calificar de «pornocracia» la fase más sombría de este período, cuando el papado cayó en manos de la todopoderosa familia Teofillato y de sus mujeres inteligentes y sin escrúpulos: Teodoro y sus dos hijas, Marusia y Teodora la Joven.

Juan XI (931-935), del que se decía que era hijo adulterino de Marusia y del papa Sergio III (904-911), fue el ejecutor de la política familiar. Juan XII (955-964), cuyo verdadero nombre era Octavio —fue el primero que cambió su nombre de bautismo—, murió en Capua, fulminado por un ataque mientras se hallaba en el lecho de una mujer casada. Benedicto IX (1032-1045) vendió el pontificado a su padrino, Gregorio VI (1045-1046), por 1.000 talentos de plata.

En medio de este panorama descorazonador hubo papas dignos, como Agapito II (946-955), Benedicto VII (974-983) o Silvestre II (999-1003), como excepciones. Cuando el emperador Enrique III llegó a Italia para consolidar su posición, tres papas se disputaban el título: Gregorio VI, Silvestre III (1045-1046) y Benedicto IX. Los dos primeros fueron cesados en el sínodo de Sutri (1046) y el tercero en un sínodo romano celebrado el mismo año. El emperador se reservó el derecho de nombrar al papa. ¿Iba el papa a convertirse en el capellán del Imperio germánico?

La reforma gregoriana

León IX (1049-1054) emprendió la tarea de recuperar la sede apostólica. Rodeado de hombres excepcionales —Pierre Damien, Humberto de Moyenmoutier, Federico de Lorena,

■ *El patriarca de Constantinopla se había definido como «imagen viviente y animada de Cristo que, a través de sus actos y sus palabras, expresa la verdad». En Roma estaban horrorizados. Las condenas recíprocas sólo fueron abolidas el 7 de diciembre de 1965.*

Hildebrando—, intentó reformar la Iglesia a través de una serie de sínodos presididos por él mismo en Italia, Alemania y Francia. La muerte le sobrevino en Roma el 19 de abril de 1054. El 16 de julio, a pesar del fallecimiento del papa, el fogoso delegado papal, Humberto de Moyenmoutier, depositó en el altar de santa Sofía de Constantinopla una bula de excomunión contra el patriarca Miguel Cerulario. El enfrentamiento entre el patriarca de Constantinopla y el de Roma se había mantenido durante siglos por razones doctrinales y de poder. Miguel Cerulario respondió el 24

■ *León IX no tuvo mucho éxito a nivel político. Deseoso de reforzar los Estados pontificios, se enzarzó en una guerra contra los normandos de la Italia meridional. Su ejército fue derrotado en Civitate (Puglia) el 18 de junio del año 1053 y él fue hecho prisionero. Sólo fue liberado después de aceptar las condiciones del vencedor, Robert Guiscard. La política papal cambió de campo: a partir de entonces, los normandos se convirtieron en los aliados del papa.*

excomulgando al papa. Jurídicamente, se había consumado el divorcio entre Oriente y Occidente.

La reforma que intentó llevar a cabo León IX consistía en unos cambios de las costumbres, pero dejó escépticos a los círculos romanos, donde se consideraba que las cosas no irían más lejos mientras el propio papado estuviera en manos de los emperadores.

LA QUERELLA DE LAS INVESTIDURAS

El dirigente del partido reformista era Hildebrando, archidiácono de la Iglesia romana. Consejero muy apreciado por dos papas —Nicolás II (1058-1061) y Alejandro II (1061-1073)—, dio con la fórmula para liberar al papado de la tutela imperial. Bajo su influencia, en el sínodo de Letrán del año 1059 se decidió que la elección del papa dependía del cónclave (el término no apareció hasta el siglo XIII), es decir, del conjunto de los cardenales (los principales clérigos de Roma). Las funciones del bajo clero y del pueblo romano se redujeron a aclamar al que saliera elegido. Y al emperador no le quedó más remedio que contentarse con que se le notificara el resultado de la elección.

Hildebrando, convertido en papa con el nombre de Gregorio VII (1073-1085), dio un nuevo impulso al programa de reforma: había que liberar a toda la Iglesia del poder secular. En su opinión, la raíz de todos los males era la investidura laica que permitía que los emperadores y los reyes nombraran a los obispos y a los abades con el pretexto de

■ *Enrique IV sólo tenía seis años cuando sucedió a su padre, Enrique III. En un primer momento, su madre asumió la regencia que luego pasó a manos de los arzobispos Anón de Colonia y Adalberto de Bremen. Su viaje a Canossa (al lado) constituyó uno de los puntos culminantes de la querella de las Investiduras.*

que éstos eran también señores feudales. A menudo se trataba de buenos príncipes, pero no dejaban de ser pastores insignificantes. El único medio para hacer frente al emperador y a los reyes y de ese modo purificar la Iglesia consistía en restaurar el poder papal. Gregorio expuso sus ideas en veintisiete propuestas cortas, las *Dictatus Papae*. La Iglesia de Roma había sido fundada únicamente por Dios; el obispo de Roma era el único obispo universal; podía dictar nuevas leyes, cesar y trasladar obispos y obligar al emperador a abdicar. Más que una restauración del papado, se trataba de una verdadera refundación.

■ *Matilde, condesa de la Toscana (al lado, izquierda), fue la fiel aliada de Gregorio VII en la querella de las Investiduras. Apoyó la reforma gregoriana incluso después de la muerte del papa y legó a la Santa Sede todos sus estados (Toscana, las Romagnas y una parte de Lombardía). En siete años de guerra (1090-1097), el emperador no fue capaz de derrotar a la «gran condesa».*

■ *El castillo de Canossa pertenecía a la condesa Matilde. El papa encontró en él un refugio seguro, pero la gran dama, prima del emperador Enrique IV, se puso de su parte en los dramáticos acontecimientos acaecidos del 25 al 28 de enero del año 1077.*

Canossa

El enfrentamiento entre el papa y el emperador tuvo un resultado dramático. En el sínodo de la Cuaresma del año 1075, Gregorio prohibió a los laicos la concesión de beneficios eclesiásticos. En enero del año 1076, el emperador Enrique IV (1056-1106) respondió con dos sínodos imperiales, Worms y Plasencia, que destituyeron a «Hildebrando no sólo como papa sino también como falso monje». La reacción de Gregorio se produjo el 22 de febrero: excomulgó al emperador, liberando al mismo tiempo a sus súbditos del juramento de fidelidad.

El enfrentamiento cara a cara tuvo lugar en Canossa. Gregorio, que se dirigía a Alemania para juzgar al emperador, se había refugiado en este castillo rupestre cuando corrió el rumor de que Enrique había emprendido viaje hacia Italia para reducirle a su voluntad. El 25 de enero de 1077, Enrique hizo aparición en la puerta del castillo. Estaba solo, descalzo y con el hábito de penitente. Pidió gritando que se le perdonara, que se revocara su excomunión.

■ *Pasados 30 años del sínodo de Sutri, el papado consiguió una brillante revancha. En las representaciones imaginarias colectivas, «ir a Canossa» se convirtió en una gran humillación.*

Aunque la victoria parecía aplastante, Gregorio era plenamente consciente de su fragilidad. Tenía la posibilidad de destruir al adversario, atrapado entre sus manos, pero sabía que Enrique reuniría a las fuerzas del Imperio en contra del papado en cuanto levantara la excomunión. El papa debía actuar como jefe, pero como jefe espiritual. El 28 de enero recibió al emperador y revocó su excomunión. El vencedor había sido vencido. Gregorio era consciente de que estaba cometiendo un error político, pero como papa no podía actuar de otra forma.

■ *San Hugo, abad de Cluny (abajo), se hallaba junto a Gregorio VII en el castillo de Canossa.*

Gregorio-Hildebrando murió el 25 de mayo de 1085 en Salerno. La tradición ha puesto en labios del papa moribundo las palabras del Salmo XLIV, 8: «He amado la justicia y odiado la iniquidad», para luego concluir amargamente: «Por eso muero en el exilio.»

«Deus le volt»

La lucha por el poder se prolongó durante medio siglo con acciones menos espectaculares pero no por eso menos eficaces, que tuvieron muchas consecuencias. Finalizó con el compromiso de Worms, ratificado en 1122 por el concilio de Letrán I (1122). La querella de las investiduras hizo que los papas se decidieran a reforzar la centralización de las estructuras de su gobierno.

La expresión «curia romana» apareció por primera vez en 1098 en un documento de Urbano II (1088-1099).

El gran tema que monopolizó la atención de aquel final de siglo fue la cruzada. La conquista árabe de Palestina no había impedido las peregrinaciones a los Santos Lugares. Sin embargo, los hechos cambiaron cuando, en 1070-1071, los turcos ocuparon el lugar de los árabes.

■ *En Clermont, Urbano II presidió un importante concilio, cuyo objetivo era hacer aplicar los principios de la reforma. El rey de Francia,*

Felipe I, que mantenía relaciones adúlteras con Bertrade, esposa de Foulque de Anjou, fue excomulgado y por esta razón no pudo participar en la cruzada.

■ *El proyecto de las cruzadas obsesionó a papas, príncipes o simples laicos durante siglos, sobre todo teniendo en cuenta que las primeras conquistas fueron poco afortunadas. El papa Eugenio III confió la predicación de la segunda cruzada a san Bernardo (al lado), en la que se involucraron el rey de Francia, Luis VII y su esposa Eleonor de Aquitania, así como el emperador Conrado III. Pero una vez más los resultados fueron muy pobres. San Bernardo atribuyó este fracaso a los pecados de los cruzados.*

Gregorio VII soñaba con una expedición militar para liberar el Santo Sepulcro, pero fue Urbano II quien llevó a cabo efizcamente la campaña. En el concilio de Clermont, el 27 de noviembre de 1095, pidió a los cristianos de Occidente, con palabras inspiradas, que libraran a Jerusalén de la dominación musulmana. Nombró como legado suyo al obispo caballero Adhémar

■ *En el concilio de Clermont (al lado, izquierda) se impuso la solución francesa a la querella de las Investiduras, propuesta por Ivo, obispo de Chartres: los reyes de Francia renunciaban a la investidura espiritual pero se reservaban el derecho de dar su visto bueno a la elección y de investir a los obispos de los señoríos feudales. El papa Urbano II era francés y estuvo de acuerdo con esta solución, que ponía fin a veinte años de disputas.*

de Puy. A todos los que llevaran la cruz (una cruz de tela en el hombro derecho) se les otorgó una indulgencia plenaria: la remisión de todos sus pecados.

La llamada de Urbano II se propagó por la palabra enardecida de centenares de predicadores. Al grito de «Deus le volt», se produjo un gran movimiento de masas: laicos y eclesiásticos, gente humilde que huía de la miseria, hijos menores de grandes familias que partían en busca de aventuras. Los cuerpos expedicionarios de la cruzada los formaban francos, loreneses y normandos del sur de Italia. Cruzaron los Balcanes, Constantinopla, Asia Menor y Siria y llegaron a Jerusalén, que fue ocupada el 15 de julio de 1099.

Pero los reinos latinos de Oriente fueron efímeros. Aunque las cruzadas no alcanzaron su objetivo político, la conquista, tuvieron por lo menos dos consecuencias importantes: reanudaron el contacto de Occidente con las culturas del Islam y de Constantinopla, y acrecentaron el prestigio de los papas, que fueron considerados los verdaderos dueños de Occidente.

■ *Respecto a la concepción de los poderes que regían el género humano (*humanum genus*), Graciano tenía una visión dualista. Había dos clases de hombres: los clérigos y los laicos. En la cúspide de la Iglesia estaba el papa, y el emperador era la máxima autoridad de los laicos.*

■ *El* Decreto *del canonista Graciano (escrito hacia el año 1140) fue uno de los elementos fundamentales del derecho de la Iglesia hasta su codificación en 1917. Graciano era un monje camaldulense del convento de los Santos Nabor y Félix de Bolonia, donde enseñaba derecho. El* Decreto *era un conjunto de tres mil ochocientos textos que reunían todo lo que la tradición conservaba del derecho antiguo (al lado, representación del poder espiritual y del poder temporal; abajo, dos ángeles entregan al papa y al emperador la tiara y la espada).*

El vicario de Dios

Y lo eran, realmente. Pero en la cúspide de aquella nueva realidad que era la cristiandad (*Christianitas*), sólo había un puesto disponible. Para ampararse de él, durante los siglos XII y XIII, la lucha entre el papado y el Imperio volvió a reavivarse.

El fundamento teórico del nuevo enfrentamiento, llamado del Sacerdocio y el Imperio, había sido formulado hacia mediados del siglo XII. A esta ideología se le dio el nombre de «teoría de las dos espadas». Estaba basaba en la interpretación alegórica de un episodio del Evangelio de Lucas, 12, 38: «Señor, he aquí dos espadas, dijeron los discípulos. Y Jesús respondió: son

suficientes.» Las dos espadas acabaron simbolizando los dos poderes, el espiritual y el temporal. Ambos fueron confiados a Pedro y a sus sucesores. El papa ejercía directamente el poder espiritual, y por otro lado dejaba el poder temporal en manos del emperador y de los reyes para que lo asumieran siguiendo las directrices pontificias.

La lucha se volvió encarnizada cuando el trono imperial y la silla de Roma fueron ocupados por dos protagonistas de talla: Federico I Barbarroja (1152-1190) y Alejandro III (1159-1181). Este último, contemporizador,

■ *Con la devolución de la espada, símbolo del poder temporal, al dux de Venecia (arriba) en el año 1177, el papa Alejandro III legitimaba la República. La legitimación sagrada de los poderes locales fue una de las soluciones a la querella del Sacerdocio y el Imperio.*

consiguió aplacar la vehemencia del emperador. La paz de Venecia (1177) consagró la supremacía pontificia.

La cúspide se alcanzó con Inocencio III (1198-1216). Lotario de Segni, joven papa de treinta y cinco años, había nacido para reinar. Dispuso del Imperio a su voluntad e impuso su arbitraje a los reyes de Occidente. Se dedicó a purgar el cuerpo de la cristiandad de todas las desviaciones, iniciando una guerra sin cuartel contra los cátaros del sur de Francia. Comprendió el mensaje de Francisco de Asís y acogió en la Iglesia al movimiento evangélico representado por las órdenes mendicantes. También estuvo abierto a la nueva cultura y favoreció el auge de las universidades. Dio impulso a la cuarta cruzada que, ocultado sus verdaderos propósitos, no fue dirigida a Tierra Santa sino a Constantinopla, lugar donde se hizo efectiva la creación del Imperio latino de Oriente (1204). Celebró su triunfo en el IV Concilio de Letrán (1215), que se convirtió en el concilio más importante de la Edad Media. Su autoridad en ningún momento fue cuestionada.

La titularidad papal puso de manifiesto la evolución que se había producido. Al principio el obispo de Roma fue denominado «el sucesor

■ *El inmenso poder temporal de la Iglesia, centrado en el papado, corría el riesgo de hacer desaparecer el espíritu evangélico. Las reacciones más inquietantes contra una Iglesia soberana procedían de la base cristiana, sobre todo de los cátaros y los valdenses. Las órdenes mendicantes (al lado, san Francisco de Asís; abajo, encuentro entre san Francisco y santo Domingo) asumieron esta exigencia de pobreza e impidieron que la Iglesia se hundiera en la mundanidad.*

de Pedro»; en la época de Gregorio I se le reservó el título de «papa», «padre» (título que entonces llevaban todos los obispos); Gregorio VII quiso ser el «vicario de Pedro». Inocencio III prefirió llamarse «vicario de Cristo». El último paso iba a darlo Inocencio IV (1243-1254), cuya denominación sería la de «vicario de Dios».

■ *Las órdenes mendicantes (arriba, los dominicos) centralizadas y sometidas a Roma, fueron la punta de lanza del papado contra las autonomías de las Iglesias locales.*

EL DECLIVE

Inocencio III elevó el papado a tal nivel que era casi imposible mantenerse en él. Honorio III (1216-1227) y Gregorio IX (1227-1241) continuaron con menor fortuna la política de Inocencio III. A partir de Inocencio IV, el equilibrio se rompió entre los poderes temporal y espiritual.

La grandeza de la «teocracia pontificia», formulada por Bonifacio VIII (1294-1303) en la bula *Unam sanctam*, era inversamente proporcional al peso político y religioso del papado. La proclamación papal

de que «toda criatura humana está sometida al Pontífice romano» tuvo lugar en el mismo momento en que se abría un abismo ante el papado.

Anagni fue una repetición exacta de Canossa. El papa, reñido con el rey de Francia, Felipe el Hermoso, y con la poderosa familia Colonna, se había refugiado en Anagni. El 7 de septiembre de 1303, sus enemigos acudieron a su encuentro: el enviado del rey de Francia, el jurista Nogaret, acusó a Bonifacio de herejía y simonía, y además convocó un concilio al mismo tiempo que a Sciarra Colonna. Entraron en el palacio pontificio y cuando el papa se negó a seguirles, Nogaret lo abofeteó. Bonifacio VIII, ultrajado, consiguió llegar a Roma, donde murió unos días más tarde. La corte de Francia consiguió que su sucesor iniciara un proceso por herejía, que nunca llegó a incoarse. El ultraje de Anagni simbolizó el final de una época, al tiempo que anunciaba un período turbulento para el papado.

■ *Las* Decretales *(respuestas de los papas que sentaban jurisprudencia) se añadieron al* Decreto *de Graciano. El papa Gregorio IX encargó al dominico Raimundo de Peñafort que los reuniera orgánicamente. De esta forma empezó a organizarse el* Corpus Iuris Canonici, *que constituyó la ley general de la Iglesia, promulgada por el papa.*

■ *Mientras a los franciscanos les movían verdaderos motivos evangélicos, próximos a los fieles, los dominicos (al lado) estaban más organizados y más preocupados por la pureza ideológica de la Iglesia. Fueron los fieles servidores de la política papal, especialmente en la lucha contra las herejías. Los papas escogían sobre todo a dominicos para ejercer el papel de inquisidores y evitar las desviaciones de la fe católica. Guardianes de la ortodoxia, los «monjes blancos» adquirieron tanto poder que fueron temidos incluso por los obispos.*

Durante más de cuatro siglos, el papado vivió la fase esquizoide de su historia: mientras su ideología seguía siendo grandiosa, la realidad era mucho más modesta. El exilio en Aviñón, el cisma de Occidente, el conciliarismo, el humanismo, la Reforma y la Ilustración son las etapas más destacadas de esta historia. El papado seguía estando en el centro de todos estos acontecimientos, pero en lugar de dirigirlos los sufría. Sólo hubo una excepción, el Renacimiento, en el que iba a revivir con una gran plenitud.

CAPÍTULO IV
ÉPOCA DE LAS CRISIS

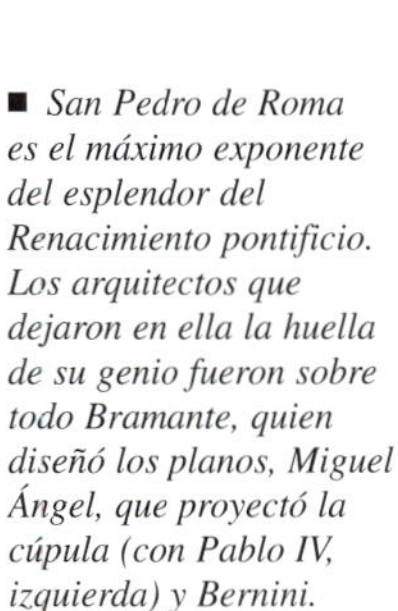

■ *San Pedro de Roma es el máximo exponente del esplendor del Renacimiento pontificio. Los arquitectos que dejaron en ella la huella de su genio fueron sobre todo Bramante, quien diseñó los planos, Miguel Ángel, que proyectó la cúpula (con Pablo IV, izquierda) y Bernini.*

«Sur le pont d'Avignon...»

Aviñón entró a formar parte de la historia del papado por casualidad, como consecuencia de uno de los desplazamientos del papa Clemente V (1305-1314). Había sido elegido en un cónclave celebrado en Peruggia. Los cardenales, cansados de la tensión entre el rey de Francia y la sede apostólica, escogieron a un candidato de compromiso: el arzobispo de Burdeos, Bertrand de Got. No era cardenal y ni siquiera se hallaba en Peruggia en el momento de la elección. Para Felipe el Hermoso, que pretendía mantener el control sobre el papa, este papa francés era una baza a su favor. Clemente V dudó en instalarse en Roma, por temor a disgustar a su rey, y pasó los tres últimos años de su pontificado en Aviñón. Aviñón no era la sede natural del papado, pero su situación era menos periférica que la de Roma en el Occidente europeo. Allí los papas vivían mejor, estando protegidos de los emperadores alemanes. Tenían un único dueño y señor, el rey de Francia. Cuando éste exigió que se condenara la orden del Temple, Clemente V lo aceptó. En el concilio de Viena (1311-1312), el papa impuso silencio a los obispos, bajo pena de excomunión, durante la lectura del decreto de supresión.

■ *Clemente VI compró la ciudad de Aviñón el 19 de junio de 1348. La ciudad perteneció al papado hasta que fue anexionada por Francia el 14 de septiembre de 1791.*

■ *Clemente V estuvo siempre dividido entre el deber de proteger la memoria de Bonifacio VIII y las exigencias de Felipe el Hermoso.*

Casi dos mil templarios fueron encarcelados y torturados, y centenares de ellos quemados vivos. Jacques Duèse, de Cahors, fue elegido papa al final de un cónclave celebrado en Lyon que se prolongó durante dos años. Tomó el nombre de Juan XXII (1316-1334).

■ *«La orden es santa, la regla del Templo es santa, justa y católica.»*
Jacques de Molay

Con él, lo que era provisional empezó a convertirse en definitivo. Se instaló en el palacio episcopal de Aviñón, reorganizó la curia pontificia y, mediante un riguroso sistema fiscal, amasó una inmensa fortuna. Esto permitió que su sucesor, Benedicto XII (1334-1342), pudiera construir el magnífico palacio de los Papas. Más tarde, Clemente VI (1342-1352) compró la ciudad y su territorio a la reina Juana I de Nápoles por 80.000 escudos de oro y vivió anticipadamente como un príncipe del Renacimiento.

Pero los cristianos de Europa querían que el papa permaneciese en Roma. Bajo la presión de la opinión pública, Gregorio XI (1370-1378) abandonó Aviñón en 1376. El paréntesis aviñonés había durado alrededor de setenta años. Los contemporáneos hablaban ya de

■ *El viernes 13 de octubre de 1307 fueron detenidos todos los templarios de Francia. Casi todos, incluido el gran maestro Jacques de Molay, fueron torturados y acabaron confesando los crímenes que se les imputaban. Más tarde, ante una comisión pontificia, se retractaron. El 12 de mayo de 1308, cincuenta y cuatro templarios fueron quemados vivos en París entre Saint-Antoine y el Moulin-à-Vent.*

«exilio aviñonés» y de «cautividad babilónica». En definitiva, este período no fue particularmente brillante para el papado, aunque lo peor estaba aún por llegar.

■ *Gregorio XI abandonó Aviñón el 13 de septiembre de 1376. Se embarcó en Marsella el 2 de octubre y, después de cuatro meses de un duro viaje en el que tuvo que hacer frente a varias tormentas, recaló a orillas del Tíber, cerca de San Pablo Extramuros, el 17 de enero de 1377. Entró en Roma aclamado por una apiñada muchedumbre que pretendía asistir al acontecimiento (arriba).*

■ *Clemente VII, antipapa elegido en Fondi (izquierda), se llamaba Roberto de Ginebra y estaba emparentado con el rey de Francia y el emperador de Alemania, circunstancia favorable para su elección. Su ingreso en Aviñón le valió el apoyo de Francia, pero la oposición de Alemania.*

El cisma de Occidente y el conciliarismo

Cuando el cónclave se reunió en Roma para escoger el sucesor de Gregorio XI, la elección recayó en Urbano VI (1378-1389). Se dijo que su inesperado nombramiento para el cargo supremo le hizo caer casi en la locura. Sus brutales actitudes tuvieron como consecuencia el alejamiento de los cardenales. Un buen número de ellos se reunió en Fondi, en el reino de Nápoles, y eligió a un nuevo papa, Clemente VII (1378-1394), que volvió a instalarse en Aviñón. Había, por tanto, dos papas, uno en Roma y otro en Aviñón. Era el comienzo del cisma de Occidente.

Los Estados tomaron posición y se dividieron entre «urbanistas» y «clementinos». Los motivos que aducían en favor de uno u otro papa eran tan sutiles y las pasiones tan aguzadas que ni siquiera los espíritus más preclaros comprendían la situación. ¿Qué se podía hacer? La respuesta fue unánime: la única alternativa era convocar un concilio. La intelectualidad europea ya había elaborado una teoría conciliar de la Iglesia. Marsilo de Padua, profesor de filosofía en París, en 1324 publicó *El defensor de la paz*, un verdadero manifiesto que se anticipaba a los Tiempos modernos: todo poder residía en el pueblo soberano, que lo ejercía a través de sus delegados, los príncipes. Lo mismo ocurría en la Iglesia. La Iglesia la constituían los fieles, y la autoridad residía en el concilio, en el que también podían estar presentes los laicos; el papa sólo ostentaba una primacía honorífica.

Sin llegar al radicalismo de Marsilo, la teoría de la superioridad del concilio se impuso como la única posible para salir del punto muerto. Los más importantes teólogos de la Universidad de París —considerada como el tercer poder—, apoyaban esta medida. También estuvieron de acuerdo con ella la mayoría de los cardenales. El primer intento de aplicarla tuvo lugar en el concilio de Pisa, donde se eligió... a un tercer papa, Alejandro V (1409-1410). Los partidarios del conciliarismo no perdieron la esperanza. Con la ayuda del emperador Segismundo (1410-1437), en 1417 pudo celebrarse un

■ *En el concilio de Constanza, el emperador Segismundo desempeñó un papel importante tras convencer al antipapa Juan XXIII para que lo convocara. Cuando éste huyó, Segismundo le hizo detener y le obligó a abdicar. Obtuvo también la renuncia del papa romano, Gregorio XII. Y fue al encuentro del antipapa de Aviñón, Benedicto XIII, que se hallaba en Perpiñán, quién no aceptó la renuncia y fue depuesto.*

concilio ecuménico en Constanza (Suiza). Fue un encuentro de toda la cristiandad occidental: junto con los cardenales y los obispos, asistieron también el emperador y los príncipes, laicos y simples sacerdotes, y estuvo dirigido por Jean Gerson, canciller de la Sorbona y Pierre d'Ailly, cardenal-obispo de Cambrai. El concilio dejó constancia de que representaba a la Iglesia universal, que su poder procedía directamente de Cristo y que todos los fieles, incluido el papa, debían someterse a sus dictados.

Basándose en estos principios, el concilio obligó al papa romano, Gregorio XII (1404-1417) a renunciar a su cargo, cesó a los otros dos y procedió a la elección de un nuevo papa. Un cónclave, constituido por veintidós cardenales y por treinta representantes de las cinco «naciones» (Alemania, Inglaterra, España, Francia e Italia) eligió a Martín V (1417-1431) como nuevo papa.

Ni Martín ni sus sucesores ocultaron su aversión por la teoría conciliar. Los príncipes no tenían ningún interés en que tomase cuerpo una Iglesia democrática, y se contentaron con utilizar la amenaza del concilio para que el papado aceptara su política.

Humanismo y Renacimiento

Mientras la Iglesia estaba dividida entre tres papas, Occidente proseguía su camino. En toda Europa, pero particularmente en Italia, se fue imponiendo una nueva visión del mundo. El hombre tomaba conciencia de que era el dueño de su destino, volvía a situar su posición en

■ *Benedicto XIII (al lado), Pedro de Luna, fue el sucesor de Clemente VII en Aviñón. Fue puesto por primera vez como antipapa por el concilio de Pisa en 1409, y de nuevo por el concilio de Constanza el 3 de septiembre de 1417. Abandonado por sus aliados, murió en el castillo de Peñíscola, en España, el 25 de noviembre de 1422. Su muerte no fue anunciada por sus cardenales hasta el 23 de mayo de 1423.*

el universo y se sentía más próximo a la Antigüedad clásica que al mundo medieval. Esta nueva manera de sentir y de pensar se denominó humanismo.

Fueron dos papas de mediados del siglo XV los que tuvieron el mérito de intentar conciliar el cristianismo con la nueva cultura: Nicolás V (1447-1455) y Pío II (1458-1464). Nicolás fue el artífice de que Roma se convirtiera en uno de los focos del humanismo. Reunió un gran número de sabios y de libros antiguos y fundó la Biblioteca Vaticana. Asistió impotente a la caída de Constantinopla. Su sucesor, el sienés Enea Silvio Piccolomini, imbuido de humanismo, había compartido activamente las ideas conciliares. A los cuarenta años, imprimió

■ *Después de la clausura del concilio de Constanza, Martín V abandonó la ciudad suiza. ¿Iba a dirigirse a Roma o a Aviñón? El destino del papa se mantuvo en secreto. Finalmente llegó a Roma el 23 de septiembre de 1420 (abajo), poniendo fin de forma definitiva al gran cisma de Occidente. La vuelta física del papa a Roma significó el inicio de la historia moderna del papado. La característica más excepcional de este papa fue su actitud respecto a los judíos. Prohibió toda forma de persecución contra ellos y castigó con la excomunión el bautismo forzado de sus hijos, práctica ampliamente extendida en la época.*

■ *Rafael (al lado, bajo la mirada de Julio II) llegó a Roma en 1508, respondiendo a la llamada de su amigo Bramante. Protegido por Julio II, que le encargó que pintara los frescos de tres* stanze *de sus aposentos, y más aún por León X, desplegó una actividad prodigiosa que le llevó a la tumba a los 37 años.*

■ *Miguel Ángel (abajo,* Moisés*) trabajó en la corte pontificia desde 1505 y, más tarde, a partir de 1532, sin interrupción hasta su muerte.*

un giro a su vida y se pasó a la filas del papado. Al ser elegido papa escogió el nombre de Pío y se configuró como un mecenas bienhechor y crítico de los humanistas. Murió en Ancona, adonde se había dirigido para ponerse al frente de una cruzada.

Los papas que le sucedieron se sintieron más atraídos por el aspecto estético del humanismo. Gracias a ellos, Roma tomó el relevo de Florencia como capital del Renacimiento. Tres nombres resumen el carácter del papado de este período: Alejandro VI (1492-1503), que no consiguió controlar su pasión por el dinero y por las mujeres —su hijo natural, César Borgia, con su política cínica y sin escrúpulos, inspiró la obra *El príncipe* de Maquiavelo—; Julio II (1503-1513), el papa guerrero, amigo de Miguel Ángel y de Bramante; y León X. Julio II encargó a Miguel Ángel los frescos de la cúpula de la Capilla Sixtina, así como la construcción de su tumba, inacabada, de la que sólo pueden verse el *Moisés* y los *Esclavos* del Louvre y de Florencia. Fue Bramante quien recibió el encargo de la construcción de la nueva basílica de San Pedro. León X (1513-1521), hijo

■ *Pío II escogió su nombre en recuerdo del* Pius Aeneas *de Virgilio. La culminación de su carrera humanista fue el ser coronado como poeta por Federico III (abajo).*

mundano y refinado de Lorenzo el Magnífico, fue el mecenas de Rafael, que terminó con sus discípulos la decoración de los aposentos pontificios.

■ *Sus costumbres prudentes, su carácter afable y el poder de su familia fueron las razones de la elección de Juan de Médicis (León X). Tan sólo un acontecimiento pareció turbar a este papa sereno y feliz: la muerte de Rafael, la única vez en su vida en que se le vio llorar. Sin embargo, su reputación como mecenas ha sido muy exagerada pues gustaba más de los fastos de la corte que de las creaciones artísticas y arquitectónicas de su época. Durante su pontificado, las obras del «nuevo san Pedro» apenas avanzaron. El esplendor de su tren de vida agotó las arcas pontificias. Los cronistas nos han proporcionado el número exacto de sus sirvientes: seiscientos ochenta y tres. Pero fue también un avezado político que supo mantener hábilmente su posición entre el rey de Francia y el emperador de Alemania. Incluso el célebre nombramiento de treinta y un cardenales, que se consideraba una cifra enorme, el 1 de julio de 1517, fue un acto político, ya que al ampliar el pequeño núcleo de cardenales disminuía de hecho su poder.*

■ *El papa Alejandro VI caricaturizado de diablo: «Yo soy el papa (*Ego sum papa*).»*

LA REFORMA

En 1517, un monje alemán, Martín Lutero, fue el responsable de que se viniera abajo la dorada fachada del papado del Renacimiento. A los hombres acostumbrados a los juegos sutiles del poder, las revoluciones siempre les pillan desprevenidos. Éste fue el caso del papado frente a Lutero y el movimiento luterano. El protestantismo cristalizó un largo malestar que persistía en el cristianismo y que el papado creía haber controlado. A Lutero no se le tomó realmente en serio hasta 1520, cuando quemó solemnemente el derecho canónigo y la bula de excomunión que León X había publicado contra él. En el mismo año, en tres panfletos de una inaudita violencia, atacó todas las estructuras de la cristiandad y lanzó la acusación de que el papa era el Anticristo. La palabra había sido lanzada. El movimiento luterano, al que se añadió la inteligente reforma de Juan Calvino, se extendió como una mancha de aceite. En algunas décadas, una gran parte de Alemania, los países escandinavos, los Países Bajos, Suiza y Gran Bretaña se adhirieron al movimiento. Los países del Este europeo y Francia corrían el riesgo de seguir sus pasos.

El concilio de Trento

Al igual que en el siglo precedente, la solución sólo podía aportarla un concilio, pero los papas estaban traumatizados por el recuerdo del concilio de Constanza. En 1527, el saqueo de Roma llevado a cabo por el ejército imperial había puesto fin al período más brillante del Renacimiento romano. A pesar de ello, Clemente VII (1523-1534) —Julio de Médicis— no se decidía a convocar el concilio. Cuando Pablo III (1534-1549) resolvió reunirlo en Trento, era evidente que ya no se trataba de un intento de pacificación sino de salvar lo que quedaba del catolicismo.

La tarea del concilio fue titánica. Se llevó a cabo en tres períodos, sembrados de dificultades y peripecias. Se abordaron casi todos los puntos de la doctrina y de la disciplina eclesiástica, exceptuando dos, cuya ausencia era significativa: la primacía y la infalibilidad del papa. En aquel momento resultaba impensable alcanzar un consenso sobre estos temas. El empeño en concluir este concilio a toda costa se debió a Pío IV (1559-1565). Aconsejado por su cardenal-sobrino (el papa escogía tradicionalmente a uno de sus sobrinos —*nepote*— como hombre de confianza, costumbre que se denominó «nepotismo»), Carlos Borromeo, aprobó las decisiones del concilio y las hizo aplicar. El concilio había dejado en manos del papa la tarea de decidir sobre algunas cuestiones de disciplina, en particular el tema del celibato de los sacerdotes y de la comunión de los laicos. Respecto a este último punto, Pío IV se remitió a lo que decidieran los obispos alemanes. Y en cuanto al celibato, murió sin haber tomado ninguna decisión.

■ *El concilio, iniciado en Trento el 13 de diciembre de 1545, finalizó el 3 de diciembre de 1563. Durante estos dieciocho años se celebró en tres períodos: 1545-1547, 1550-1552 y 1561-1563. En total se llevaron a cabo veinticinco sesiones plenarias. Al inaugurarse el concilio, sólo se hallaban presentes cuatro cardenales, veintiún obispos y cinco superiores generales de órdenes religiosas. En los momentos de mayor afluencia, el número de padres no superó nunca los doscientos. El hecho más importante fue el trabajo realizado por los teólogos (dominicos, agustinos, franciscanos y jesuitas), que asistían en calidad de expertos. Las tareas del concilio se llevaron a cabo satisfactoriamente gracias a los legados del papa —Pole, Cervino, Del Monte y Morone—, que tuvieron que superar numerosas dificultades.*

■ *Lutero, con su panfleto «contra la bula del Anticristo», de 1520, enlazaba con una tradición tan antigua como el cristianismo: el Anticristo era el enemigo de los cristianos. A lo largo de los siglos, a cualquier hereje o provocador se le llamaba Anticristo. A partir de la querella de las Investiduras, se denominaba Anticristo al adversario, ya fuera el papa o el emperador. También fue la acusación recíproca que se dirigían los papas y los antipapas cada vez que se producía un cisma en la Iglesia romana. Entre los seguidores de Federico II de Hohenstaufen, en el momento en que el papa se hizo llamar el «vicario de Cristo», el término Anticristo significaba un «mal papa» en oposición a un «buen papa». El primero, hijo de Satán, era entronizado por los demonios, mientras que el segundo, enviado por Dios, era coronado por los ángeles. El tema del papa como Anticristo fue una constante de la literatura protestante hasta el siglo* XIX.

La Reforma católica

Tras el concilio de Trento, fue evidente que la mitad del cristianismo occidental se había separado definitivamente de la Iglesia. Los papas compensaron su pérdida de influencia en la Europa cristiana con

■ *El equilibrio en el Mediterráneo era una de las mayores preocupaciones de Pío V. La formación de una liga de príncipes cristianos para luchar contra los turcos (al lado) fue una constante de la política pontificia durante más de un siglo. En mayo de 1571, impulsada por Pío V, se creó la Santa Liga. El 7 de octubre, finalmente conseguida la unión sagrada, tuvo lugar la mayor batalla naval del siglo, que se saldó con la derrota de los turcos en Lepanto. Pío V y Juan de Austria creyeron que sería la última batalla antes del regreso de Cristo a Jerusalén.*

la propagación del catolicismo en el nuevo continente americano y con una mayor centralización de los poderes del papado en todos los ámbitos que se refirieran a la vida de la Iglesia. Ésta fue básicamente la tarea que llevaron a cabo los tres papas que se sucedieron entre 1566 y 1590, conocidos como los «papas reformadores».

Pío V (1566-1572) fue quien marcó la pauta a seguir. Introdujo en el Vaticano el estilo de un líder espiritual. Como dominico, prosiguió su vida de religioso austero; incluso siguió utilizando el hábito blanco de su orden que finalmente adoptaron sus sucesores. Inquisidor antes de convertirse en papa, utilizó a fondo esta institución, presidiendo incluso sus sesiones. Llevó a cabo la reforma de la liturgia (la célebre «misa de san Pío V»). Imbuido de una visión medieval de la Iglesia, excomulgó y depuso a la reina de Inglaterra, Isabel I,

responsable de la introducción de la Reforma en su país. Este gesto poco afortunado tuvo como única consecuencia la intensificación de la desconfianza de los príncipes respecto al papado. Consiguió sin embargo formar una coalición con Venecia y España contra el Imperio otomano, inflingiendo a los turcos la derrota de Lepanto (7 de octubre de 1571).

■ *A finales del siglo XVI, la diferencia entre el año civil y el solar era de diez días. Una comisión de sabios, nombrada por Gregorio XIII, sugirió que al jueves 4 de octubre de 1582 le siguiera el viernes 15 de octubre. De esta forma, fueron suprimidos diez días del calendario juliano.*

Gregorio XIII (1572-1585) no tenía la fuerza espiritual de Pío V, pero su obra fue quizá más eficaz. Este antiguo profesor de la universidad de Bolonia había participado en el concilio de Trento como experto jurídico, y él mismo había redactado una parte de los decretos disciplinarios. Para llevar a cabo la reforma religiosa, buscó sobre todo el apoyo de los jesuitas y se preocupó por la formación del clero destinado a las naciones que se habían pasado a la Reforma (los Colegios romanos). Hizo nombramientos de nuncios en toda Europa y les cambió su función: los nuevos nuncios debían ser la *longa manus* del papado en las Iglesias locales. También fue el artífice de la reforma del calendario conocido como «gregoriano», que fue adoptado inmediatamente por los países católicos y, más tarde, en todo Occidente. Su relativa libertad de

■ *La Inquisición romana, con la lamentable herencia de la tortura, fue uno de los instrumentos que utilizó el papado para detener la marea protestante.*

espíritu no le impidió sin embargo cantar un *Te Deum* y organizar procesiones de acción de gracias cuando llegó a Roma la noticia de los acontecimientos de la noche de San Bartolomé (24 de agosto de 1572).

Erudito, austero y con talento, el franciscano Sixto V (1585-1590) empezó poniendo orden en los Estados pontificios promulgando leyes draconianas que le granjearon una hostilidad general y el sobrenombre de el Terrible. Convirtió Roma en una espléndida ciudad barroca. Su nombre está unido a la reestructuración de la curia romana, que se mantuvo casi sin ningún cambio hasta el concilio Vaticano II: el número de cardenales se fijó en setenta y los poderes del papado se distribuyeron entre las congregaciones romanas (ministerios).

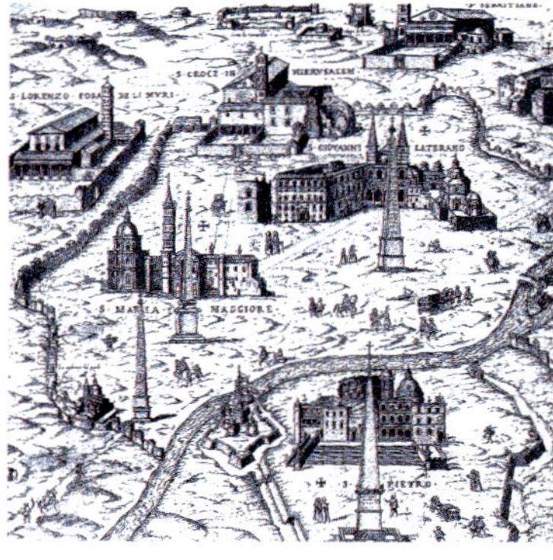

■ *La cobertura de la bóveda de San Pedro, el obelisco de la plaza y el palacio del Quirinal son algunos ejemplos de la transformación de Roma en una nueva ciudad durante el pontificado de Sixto V.*

Los papas frente a la naciente modernidad

Las guerras de religión en Francia y la guerra de los Treinta Años en Alemania habían confundido los espíritus: ¡Basta ya de matanzas en nombre de un Dios de amor! De este horror surgió la idea de tolerancia, aunque fue contemplada con bastante indiferencia. Las ciencias abrían perspectivas insospechadas acerca del hombre y del mundo, pero la verdad denominada científica corría el riesgo de volverse contra la fe. Y a la

■ *El nuncio papal fue excluido de las negociaciones que condujeron a la paz de Westfalia. Por primera vez en Europa se resolvía un asunto de política general sin el papa.*

Iglesia tridentina no le gustaban los riesgos, de ahí que su actitud hacia la nueva cultura fuera globalmente negativa. La modernidad, que empezaba a esbozarse en la segunda mitad del siglo XVIII, completó su desarrollo al margen de la Iglesia, e incluso en su contra.

El giro se había iniciado a principios de siglo. El 17 de febrero de 1600, en el Campo dei Fiori, fue quemado el dominico apóstata Giordano Bruno. Su creencia en la libertad de pensamiento resultó ser su mayor pecado. Las condenas de Galileo Galilei, en 1616 y 1633, tuvieron aún mayores consecuencias. Consiguió salvar la vida gracias a su amistad con los papas Pablo V y Urbano VIII, pero fue obligado a retractarse y a permanecer en silencio hasta su muerte. La paz de Westfalia, que definía las fronteras de cada confesión cristiana, fue el acta que selló la división religiosa de Europa. El papa, Inocencio X (1644-1655), protestó. Pero esta protesta había sido prevista y rechazada de antemano, lo que ponía de manifiesto el peso político del papado en la nueva Europa. El papa seguía siendo un jefe, aunque

■ *En 1616, el cardenal Bellarmin remitió a Galileo una advertencia en la que le conminaba a abandonar la teoría de Copérnico. Sin embargo, confiando en la amistad del nuevo papa, Urbano VIII, Galileo escribió una obra sobre los «máximos» sistemas del mundo, el ptolomaico y el copernicano (1632), en la que ridiculizaba el sistema tradicional. Convocado por la Inquisición el 22 de junio de 1733, Galileo fue declarado culpable de desobediencia y sospechoso de herejía. Abjuró de sus errores y fue condenado a cadena perpetua.*

sólo en el aspecto espiritual. Y esto era positivo. Jefe espiritual, no ya de Occidente sino de lo que desde entonces se ha llamado la Iglesia católica romana.

El papado en la época de la Ilustración

Durante los ciento veinte años que transcurrieron entre la muerte de Inocencio X (1655) y la elección del papa

Pío VI (1775), se sucedieron trece papas. Dos de ellos destacan claramente: Inocencio XI (1676-1689) y Benedicto XIV (1740-1758). Inocencio XI —Benedicto Odescalchi— pertenecía a la nobleza, era un hombre de una gran cultura y probidad. Hizo frente a Luis XIV, en particular en la cuestión de las libertades, tema que pretendía adjudicarse la Iglesia anglicana respecto a Roma. A él se debe la alianza entre el emperador Leopoldo I y el rey de Polonia, Jean Sobieski, que forzó a los turcos a abandonar el sitio de Viena. Consiguió además liberar Hungría y conquistar Belgrado. Inocencio fue el último papa que tuvo un papel político importante en la defensa de Europa contra la invasión islámica. Benedicto XIV —Prospero Lambertini— intentó sin

■ *Benedicto XIV dio origen a un mito, el del papa culto, compasivo, humano; un mito que se basó simplemente en algunas decisiones ajenas al estilo de la curia. Renunció a los privilegios eclesiásticos en los concordatos con los Estados; creó una forma moderna de dirigirse a los obispos, la «encíclica»; sostuvo la idea de que un autor tenía derecho a defenderse antes de que su obra fuera inscrita en el* Índice. *Su reputación de hombre sabio llegó hasta Prusia e Inglaterra que, sin embargo, eran estados profundamente contrarios al papado.*

DE L'ESPRIT DES LOIX.

LIVRE PREMIER.

DES LOIX EN GÉNÉRAL.

CHAPITRE PREMIER.

Des loix, dans le rapport qu'elles ont avec les divers êtres.

■ El espíritu de las leyes *había sido ya condenada por la Sorbona en 1750, a pesar de las correcciones que el autor aceptó introducir en la obra. Pero lo que resultaba inaceptable era el fondo que subyacía en ella: las leyes humanas, al margen de cualquier apriorismo metafísico, son fruto de las circunstancias.*

mucho éxito un acercamiento de la Iglesia a la cultura moderna. Los enciclopedistas admiraban su talento, su amplitud de espíritu y su habilidad. Voltaire le dedicó su tragedia *Mahomet*. Creó cátedras de matemáticas superiores, de química y de cirugía en las universidades, para tender un puente entre el papado y el espíritu científico. Sin embargo, condenó *El espíritu de las leyes*, de Montesquieu, y la francmasonería. Aunque se le consideraba un hombre moderno, la Iglesia seguía anclada en el pasado. Los demás papas fueron todos ellos personas moralmente dignas. Pero hay que reconocer que la visión clerical de la Iglesia, definida en Trento, constituía un obstáculo. Por otra parte, la elección de los papas, al estar condicionada por las potencias católicas, en particular por Francia y España, no podía recaer en personalidades de gran envergadura. En definitiva, fue un largo período semiletárgico.

Cuando en 1773 los Estados católicos —Portugal, Francia, España y Nápoles— impusieron a Clemente XIV la disolución de la Compañía de Jesús, se alcanzó el punto más bajo. ¿Cómo iba a arreglárselas el papado, privado de su principal apoyo, para hacer frente a los turbulentos años venideros?

■ *Francia, basándose en los Derechos del hombre, rechazó las bulas del papa. Con la Revolución francesa, se caricaturizó la vieja idea del Anticristo. Se hizo hincapié en la impotencia del papa respecto a las fuerzas de la nación. El papado era considerado como el agente de un mundo en declive que ya no podía poner obstáculos a la razón humana y a su brillante futuro.*

Bref

Droits de l'Homme
Consti-tution

El gong de la historia resonó en 1789. Como un mar de fondo, la Revolución arrastró a su paso el feudalismo, la monarquía, los privilegios eclesiásticos, todo el orden del Antiguo Régimen. Las ideas de la Revolución se propagaron en Europa y en los países de América Latina, y el marco histórico del papado se vio profundamente alterado.

Capítulo V
EPICENTRO DE LAS REVOLUCIONES

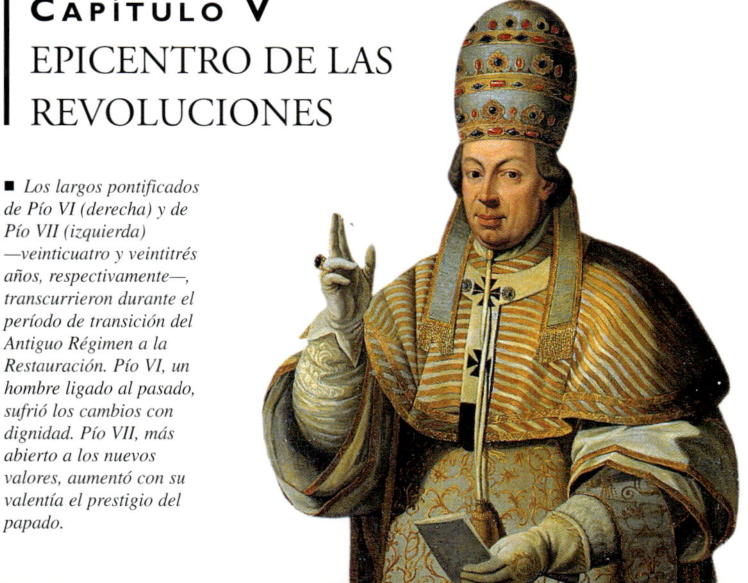

■ *Los largos pontificados de Pío VI (derecha) y de Pío VII (izquierda) —veinticuatro y veintitrés años, respectivamente—, transcurrieron durante el período de transición del Antiguo Régimen a la Restauración. Pío VI, un hombre ligado al pasado, sufrió los cambios con dignidad. Pío VII, más abierto a los nuevos valores, aumentó con su valentía el prestigio del papado.*

Era el decimocuarto año del pontificado de Pío VI (1774-1799). El papa se mantuvo dudoso durante mucho tiempo respecto a los acontecimientos. Vistos desde Roma, es decir, con el habitual retraso de la curia,

los problemas de la Iglesia se limitaban a las tergiversaciones sobre el reformismo josefinista de Austria y a la negativa napolitana del vasallaje feudal.

Pío VI estaba muy lejos de aceptar los principios de la Revolución. En su primera encíclica (*Inscrutabile divinae sapientiae*, Navidad de 1775), condenó en bloque la Ilustración y consideró la modernidad como obra del diablo. Las noticias que llegaban a Roma desde París eran confusas, y el papa se mostraba prudente.

Ni siquiera reaccionó frente a la constitución civil del clero (12 de julio de 1790). El detonador fue el juramento de fidelidad impuesto a los sacerdotes (27 de noviembre de 1790) y la anexión de Aviñón y del Comtat Venaissin. El 13 de abril de 1791, el papa condenó la constitución civil del clero, y de paso la Declaración de los derechos del hombre y del ciudadano. Las relaciones diplomáticas con Francia se interrumpieron.

A partir de noviembre de 1791, la situación de la Iglesia en Francia se volvió crítica, debido a la persecución de los sacerdotes refractarios. La ejecución de Luis XVI llevó a Pío VI a promover una cruzada contra la República francesa. En la primavera

■ *La imagen del papa, prisionero de los franceses, afectó profundamente el fervor popular. Los exvotos para proteger al pontífice se multiplicaron tanto en Italia como en Francia.*

de 1796, Napoleón entró en Italia, hizo retroceder a los austriacos hasta los Alpes, creó la República cisalpina e impuso al papa el duro tratado de Tolentino (19 de febrero de 1797) que le desposeía definitivamente de Aviñón y del Comtat Venaissin. Un año más tarde (15 de febrero de 1798), el ejército francés entró en Roma, donde proclamó la República romana, y desposeyó a los papas del poder temporal. Deportado primero a la Toscana y más tarde a Valence, Pío VI murió el 29 de agosto de 1799. Todo parecía indicar que el papado había vivido sus últimos días.

■ *Después de los disturbios en Roma, Pío VI se exilió primero a Siena y más tarde a Florencia. Cuando el ejército francés ocupó la Toscana, el papa fue llevado a la ciudadela de Valence para evitar cualquier intento de liberarle.*

Napoleón y Pío VII

Durante su exilio, Pío VI tomó disposiciones para el futuro cónclave que debía designar a su sucesor. Se celebró en Venecia, y el 14 de marzo de 1800 finalizó con la elección de Pío VII (1800-1823). Luigi Barnaba Chiaramonti era un benedictino abierto a los nuevos valores. Se hizo partícipe de la *Enciclopedia* de Diderot y, en la homilía de Navidad de 1797 (que el abad Gregorio tradujo al francés), sorprendió a todo el mundo al afirmar que el cristianismo y la democracia eran compatibles.

■ *Elegido emperador de los franceses por un referéndum popular, Napoleón invitó a Pío VII a la coronación. La ceremonia tuvo lugar en Notre-Dame el 2 de diciembre de 1804. El papa consagró al emperador y a su mujer, Joséphine de Beauharnais, pero Napoleón quiso coronarse a sí mismo. Para la Iglesia, la consagración de Napoleón no dio los resultados esperados, como la supresión de los «artículos orgánicos» (anexos del Concordato de 1801, que resultaban desfavorables para la Iglesia). El emperador se limitó a admitir las instituciones religiosas de origen francés, a permitir la reapertura del seminario para las misiones extranjeras y a suprimir el calendario republicano.*

El 29 de septiembre de 1799, los franceses se vieron obligados a retirarse frente al avance ruso y austriaco, y la República romana se vino abajo. Pío VII podía volver a Roma. El papa, apoyándose en su secretario general, Ercole Consalvi, hizo frente a la nueva situación, al límite de sus posibilidades. Firmó el Concordato de 1801 que restablecía la paz entre la Iglesia y el Estado en Francia, y que ponía fin a la relativa autonomía de la Iglesia del Antiguo Régimen. Tres años más tarde, Napoleón fue coronado emperador. El genial corso, que había advertido la influencia de Consalvi, exigió su dimisión en 1806. Napoleón, a quien le resultaba difícil admitir la independencia del papa y en particular que se

negara a aplicar el bloqueo continental contra los ingleses, se proclamó entonces heredero de «Pipino y Carlomagno» y, amparándose en este título, se permitió suprimir los Estados pontificios, que anexionó a Francia el 17 de mayo de 1809.

En la noche del 5 al 6 de julio, Pío VII fue detenido en el palacio del Quirinal, residencia de verano de los papas. Fue llevado primero a Florencia y más tarde a Grenoble, y finalmente encerrado en la fortaleza de Savona, en Liguria, hasta 1812. Tras las derrotas de Napoleón, el papa pudo volver definitivamente a Roma

■ *El concordato de 1801 entre la Santa Sede y Napoleón reconocía la religión católica como la religión de la mayoría de los franceses, pero al mismo tiempo legitimaba el control de las estructuras eclesiásticas por parte del Estado.*

el 7 de junio de 1815. Allí acogió a la familia de su perseguidor, volvió a nombrar a Consalvi y restableció la Compañía de Jesús.

La Restauración

La valentía, la bondad y la piedad de Pío VII sirvieron para impulsar de nuevo el prestigio del papado. En Francia, en particular, se creó un movimiento favorable a la rehabilitación del catolicismo. El portavoz del romanticismo católico fue François René de Chateubriand (*El genio del*

La organización de los museos del Vaticano fue iniciada por Clemente XIV y Pío VI, que crearon el museo Pío-Clementino. Pío VII (abajo) confió al escultor Antonio Canova, nombrado inspector general de bellas artes, la habilitación del museo Chiaramonti, que albergó las obras restituidas por Francia en 1816. Al mismo tiempo, la biblioteca apostólica vaticana (derecha) recuperó la casi totalidad de los quinientos manuscritos que habían sido llevados a París.

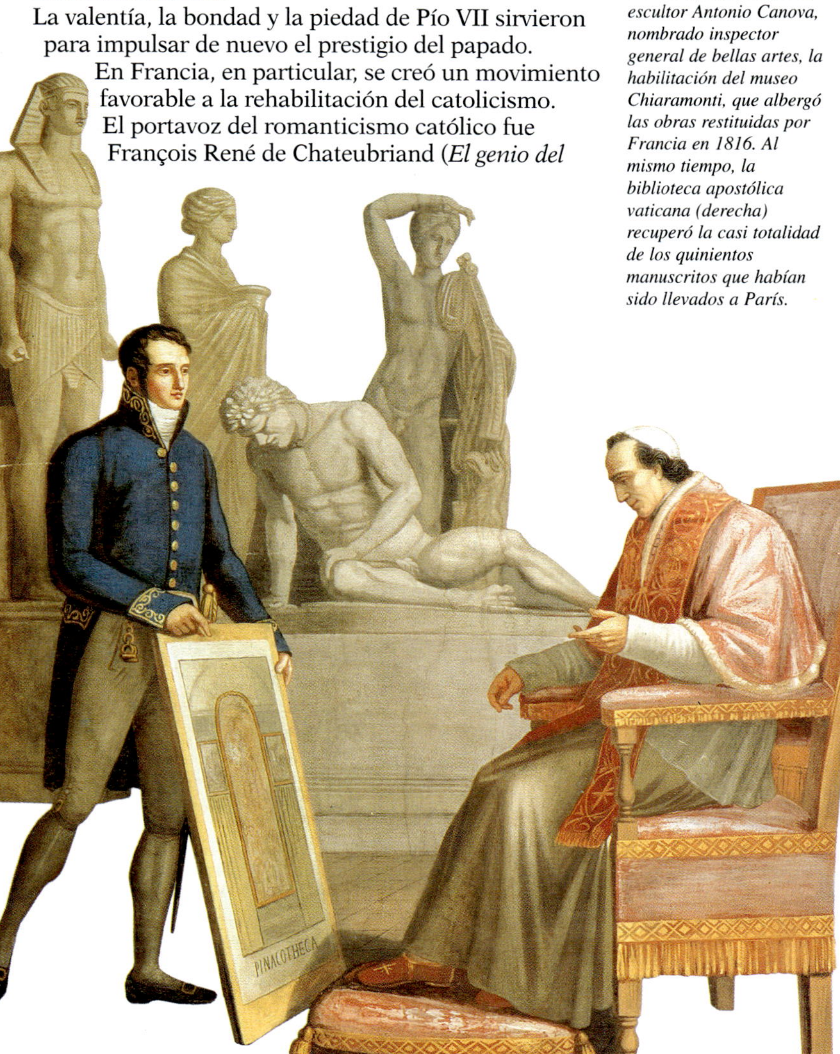

GÉNIE
DU CHRISTIANISME
OU
BEAUTÉS
DE
LA RELIGION CHRÉTIENNE;
PAR
FRANÇOIS-AUGUSTE CHATEAUBRIAND.

cristianismo y *Memorias de ultratumba*). El ideólogo de la Restauración católica fue Joseph de Maistre, quien veía en el papado la única garantía de un orden social y político (*Du pape*, 1819).

En 1830, un grupo de católicos liberales creó en París el periódico *L'Avenir*. Sus promotores eran, entre otros, Felicité Robert de Lamennais, Henri Lacordaire y Charles de Montalambert. Anhelaban un catolicismo reconciliado con la democracia y una Iglesia libre, cuyo eje fuera el papado, y separada del Estado.

Con Görres, Döllinger y Möhller en Alemania; Ventura, Gioberti y Rosmini en Italia; O'Connel en Irlanda; Wiseman y Newman en Inglaterra; y Günther en Austria, el pensamiento católico tuvo un verdadero renacimiento. Sin embargo, la Iglesia no estaba en absoluto de acuerdo con las nuevas ideas. En aquellos años el papa era Gregorio XVI (1831-1846). El camaldulense Bartolomeo Cappellari expresó con claridad y determinación su ideología en 1799 con la publicación de *El triunfo de la*

■ El genio del cristianismo *de Chateaubriand fue publicado pocos días antes de la proclamación del Concordato de 1801. Dedicado a Napoleón, propició que los católicos aceptaran la política del Primer cónsul. Su gran éxito volvió a renovarse en la época de la Restauración.*

Santa Sede y de la Iglesia frente a los ataques de los innovadores. Era un hombre de gran corazón pero de mente estrecha, que rechazaba cualquier tipo de avenencia con los ideales democráticos. En 1832, en la encíclica *Mirari vos*, condenó a Lamennais y su periódico *L'Avenir*, así como la libertad de prensa y de libre pensamiento: «Esta máxima absurda y errónea, o mejor dicho, este delirio de que todo el mundo tiene derecho a la libertad de pensamiento.»

■ *Durante su exilio napolitano (1848-1850), Pío IX fue el huésped del rey Fernando II, primero en el palacio real de Nápoles (arriba) y luego en Portici. El papa y el rey de las Dos Sicilias fueron los grandes perdedores de la causa del Resurgimiento.*

No menos estrecha era su mente respecto a la política temporal. En la propia Roma, el 10 de mayo de 1832, después de la represión de los movimientos revolucionarios, una conferencia de embajadores de las grandes potencias dirigió al papa un memorándum sobre las reformas necesarias para una mejor administración de los Estados pontificios. El papa pasó por alto las recomendaciones e impidió cualquier modernización («los ferrocarriles son caminos infernales», decía). Sólo se salvó de la catástrofe financiera gracias a los créditos del banco Rothschild.

Sabato 9 Settembre 1848. Nº 217

ORGIMENTO

NALE QUOTIDIANO

■ *Los movimientos europeos de 1848 tuvieron un carácter social y económico. En Italia, en cambio, la revolución fue esencialmente política. Panfletos y periódicos intentaron galvanizar la opinión pública. Los tres artífices (abajo) de la unificación nacional, el rey Victor Emmanuel II, su primer ministro Camillo Benso de Cavour y Giuseppe Garibaldi fueron excomulgados por el papa.*

Gregorio XVI dio un fuerte impulso a las misiones y señaló unas directrices para la formación de un clero autóctono. En América Latina dio muestras de un mayor realismo, invitando a los nuncios a establecer contacto con los gobiernos que detentaban el poder de facto.

Los movimientos de 1848 y el Risorgimento

El legado que recibió Pío IX (1846-1878) se convirtió en una difícil herencia. El principal determinante de su pontificado, que además resultó ser el más largo de la historia, fue el Risorgimento («resurgimiento»), el movimiento en favor de la unidad nacional italiana. La Revolución francesa había inoculado en esta península la savia de la libertad y el deseo a la unidad. La elección del cardenal Giovanni Maria Mastai-Ferretti y sus primeras decisiones administrativas crearon el «mito de Pío IX», e hicieron albergar la esperanza de que era posible crear una confederación de los Estados de la península cuyo eje fuera un papa-presidente.

Los movimientos revolucionarios que sacudieron a Europa en 1848, «la primavera de los pueblos», hicieron creer a los patriotas italianos que había llegado

■ *Pío IX (al lado) fue un papa popular. La pérdida de los Estados pontificios hizo surgir entre los cristianos de todo el mundo un sentimiento de piedad que se acrecentó cuando el papa rechazó la garantía que le ofrecía el gobierno y se declaró el «prisionero del Vaticano».*

el momento de iniciar la lucha por la unidad nacional. Cuando Pío IX se negó a participar en la guerra contra Austria, estallaron los clamores contra «la traición del papa». El asesinato de Pellegrino Rossi, el 15 de noviembre de 1848, presidente de las cámaras creadas por el papa, y las revueltas que le sucedieron, llevaron a éste a refugiarse en Gaeta, en el reino de Nápoles. En Roma se proclamó la República el 8 de febrero de 1849. Tras ser restablecido el orden por el ejército francés a partir del 3 de julio del mismo año, el papa pudo regresar en abril de 1850. Pío IX abandonó abiertamente cualquier atisbo de actitud liberal y puso el poder político en manos del secretario de Estado, el rígido conservador Giacomo Antonelli.

En 1860, la mayor parte de los Estados pontificios fue anexionada al reino de Italia que se estaba constituyendo. Napoleón III, que acababa de firmar el armisticio de Villafranca con Austria, se comprometió a proteger Roma y los territorios de los alrededores de los que luchaban por la unidad italiana. La derrota francesa de Sedán (2 de septiembre de 1870) permitió sin embargo que el rey de Italia, Victor Emmanuel II, ocupara Roma el 20 de septiembre de 1870. Se inició entonces lo que iba a denominarse la «cuestión romana». Pío IX rechazó toda posibilidad de reconciliación y se consideró «el prisionero del Vaticano». En este cuarto intento en menos de un siglo (1799, 1809, 1849, 1870), los Estados pontificios desaparecieron definitivamente.

Cabe resaltar que el desastre temporal constituyó sin embargo una importante baza para el papa, que se vio

libre de sus trabas políticas. El carácter jovial de Pío IX, su sincera piedad y la compasión que suscitaba su situación hicieron surgir un sentimiento nuevo entre los católicos, la devoción al papa. A partir de entonces, la gente ya no iba a Roma a rezar en las tumbas de los apóstoles sino a ver al papa.

El concilio Vaticano I

A nivel de la Iglesia, Pío IX intensificó la centralización romana. El 8 de diciembre de 1864 promulgó el

■ *El 8 de diciembre de 1854, Pío IX definió (abajo) el dogma de la Inmaculada Concepción (la Virgen fue concebida sin pecado), primera definición ex cátedra a la que seguiría la de la infalibilidad pontificia. Este acto dio un gran impulso a la devoción mariana.*

■ *El concilio Vaticano I (al lado, inauguración del concilio) significó el apogeo del papado, el resultado de una evolución iniciada en el siglo* III. *No se podía ir más lejos: el papa, infalible, gozaba de jurisdicción directa en todo el mundo cristiano. Pío IX se convirtió en un verdadero «Dios en la tierra». Los siguientes pontificados se dedicaron a poner en práctica los principios del concilio. La* sedia gestatoria *(trono llevado por portadores, al lado), que sostenía al papa por encima de los demás mortales, era una herencia de la Edad Media, que en aquel momento adquirió su total significado.*

Syllabus, una lista de ochenta propuestas tachadas de errores de los tiempos modernos. En dicho documento se condenaba en particular la idea de que el papa pudiera reconciliarse con «el progreso, el liberalismo y la cultura moderna».

El *Syllabus* no era más que la premisa de una amplia operación. Dos días antes de que fuera publicado, el papa anunció su intención de convocar un concilio universal para definir la fe católica y la constitución de la Iglesia. La convocatoria tuvo lugar el 29 de junio de 1868. Un artículo publicado el 6 de febrero de 1869 en la revista de los jesuitas italianos, la *Civiltà Cattolica*, daba a entender que el tema principal del concilio consistiría en la proclamación de la infalibilidad papal. Esto provocó un gran alboroto, sobre todo en Francia y en Alemania.

Los padres conciliares —setecientos en total— se reunieron en Roma el 8 de diciembre de 1869. El papa dictó y cambió los reglamentos del concilio y presionó a los asistentes, hasta tal punto que resultó evidente que la cuestión central era realmente la infalibilidad papal. La mayoría de los padres estaba de acuerdo; sólo unos ciento cuarenta obispos constituían la minoría. El 18 de julio de 1870 se proclamó la constitución *Pastor aeternus*, que definía la jurisdicción universal del papa y su infalibilidad personal. En los días precedentes, unos sesenta obispos optaron por irse de Roma, evitando de ese modo el tener que votar en contra de una medida que desaprobaban.

El objetivo de la infalibilidad era convertir al papa en el único oráculo de la Iglesia, lo que hizo resurgir la virulencia anticlerical, sobre todo en Alemania, donde

■ *La definición de la infalibilidad pontificia fue el pretexto de una violenta campaña contra la Iglesia. Austria denunció el concordato en 1874. En Francia, la Tercera República inició una batalla cultural contra la Iglesia católica. Pero la oposición más enconada se produjo en Alemania, donde se prohibió la publicación de las actas del concilio; entre 1871 y 1878 se promulgaron una serie de leyes contra las estructuras y el culto católicos. Guillermo I y Bismarck fueron tildados nuevamente de demonios. El pontificado más realista de León XIII supuso un período de tregua.*

■ *El pluvial (arriba, a la izquierda) era un revestimiento litúrgico derivado de la capa utilizada por el papa cuando llovía durante las procesiones. Abajo, a la izquierda, la dalmática, una túnica corta de lana de Dalmacia, que se convirtió en el hábito litúrgico del papa. Abajo, la mitra, toca litúrgica de los obispos a partir del siglo* V, *que adquirió la forma moderna con dos picos, con dos estolas colgantes en el siglo* XI. *La tiara (al lado) era una mitra provista de una corona en la base.*

■ *Gioacchino Pecci fue nombrado cardenal en 1853, pero fue alejado de Roma por el cardenal Antonelli a causa de sus ideas liberales. No ocultó su desacuerdo con algunas decisiones de Pío IX y, en el concilio Vaticano I, prefirió permanecer en silencio. En 1878 sucedió a Pío IX con el nombre de León XIII. Con sesenta y ocho años y una salud precaria, fue considerado como un papa de transición, después del largo pontificado de Pío IX. Pero ostentó su cargo durante veinticinco años, durante los cuales intentó llevar a cabo un acercamiento entre el papado y la cultura moderna y demostró un interés real por los progresos de la técnica (al lado, León XIII graba la bendición apostólica en un fonógrafo).*

el poderoso canciller Otto von Bismarck desencadenó la *Kulturkampf* («la lucha por la cultura») contra una Iglesia pretendidamente reaccionaria.

El gran miedo que provocaba la infalibilidad hizo que pasara desapercibida la primacía de «jurisdicción universal y directa» del papa en la Iglesia, promulgada en el mismo documento.

En realidad, ni Pío IX ni sus sucesores se preocuparon de promulgar los nuevos dogmas, pero en cambio se basaron en el texto conciliar para reforzar su posición dominante en las estructuras eclesiásticas. El absolutismo papal había alcanzado su cúspide.

EL MODERNISMO

León XIII (1878-1903), Gioacchino Pecci, era un gran diplomático. Devolvió al papado el prestigio universal del que estaba falto desde hacía siglos y en 1885-1886 consiguió que se revisaran las leyes anticlericales de la *Kulturkampf* y que se le aceptara como árbitro en las discrepancias que surgían entre las naciones. Su intento de que los católicos franceses se pasaron a las filas republicanas obtuvo un escaso éxito. Pero la gran obra de su pontificado fue la tentativa de acercamiento entre la Iglesia y la modernidad en el marco de la doctrina tradicional. En 1881 abrió los archivos del Vaticano a los investigadores e invitó a los historiadores católicos a tener un mayor respeto por la verdad objetiva: «Dios no necesita nuestras mentiras», solía decir. En 1893 promulgó la encíclica *Rerum novarum* en defensa del

■ *La bendición* urbi et orbi *(«a la ciudad —Roma— y al mundo») es la forma más solemne de las bendiciones papales. Hasta la conquista de Roma en 1870, se daba cuatro veces al año: el día de Jueves Santo y en Pascua, en el balcón de San Pedro; el día de la Ascensión en el balcón de Letrán y el día de la Asunción en el balcón de Santa María la Mayor. De 1870 a 1922, los papas pronunciaban esta bendición en el interior de San Pedro. Actualmente, el papa la da también al concluir las ceremonias excepcionales que preside en Roma.*

derecho de propiedad, aunque en ella denunciaba también la explotación obrera.

Ni el *Syllabus* ni el Concilio Vaticano I habían podido impedir el contacto del pensamiento católico con la cultura moderna. La actitud de León XIII parecía incluso favorecerlo y a finales del siglo XIX tuvo lugar una verdadera ebullición intelectual, de la que son testimonio la fundación de institutos y de universidades católicas: París (1876), Lyon (1876), Angers (1877), Toulouse (1879), así como las de Lovaina (1883) y Washington (1887). La confrontación con la cultura moderna era inevitable.

Roma se resentía gravemente de la ausencia de una elite cultural que estuviera al nivel del poder adquirido por la Iglesia universal.

Esto se hizo aún más patente con el sucesor de León XIII. Pío X (1903-1914) —Giuseppe Sarto— era un hombre santo, que ya fue venerado como tal durante su vida; la ausencia

■ *El catolicismo había desaparecido oficialmente en los Países Bajos, que se habían convertido a la Reforma con la Unión de Utrecht (1579). La jerarquía católica no fue restablecida hasta 1853 por Pío IX. El año 1893 señala pues el cuarenta aniversario del regreso de la Iglesia católica a los Países Bajos y el cincuentenario de la consagración episcopal de León XIII (arriba, rodeado de obispos holandeses).*

■ *León XIII era profundamente piadoso. A través de numerosas encíclicas, predicó una devoción conservadora a la Virgen María y al rosario, a san José y a la Sagrada Familia. Durante el año santo de 1900 consagró al Sagrado Corazón de Jesús al género humano.*

de formación cultural y la falta de flexibilidad diplomática constituían la diferencia con su predecesor. La máquina represiva de la curia romana estaba en marcha desde los últimos años del pontificado de León XIII, lo que explica la condena de las obras de Alfred Loisy, máximo exponente de la exégesis modernista, pocos meses después de la elección de Pío X.

En 1907, el decreto del Santo Oficio, *Lamentabili*, y la encíclica *Pascendi* condenaron de forma confusa los excesos del racionalismo, el análisis crítico de los documentos de la fe, la interconfesionalidad política y las primeras tentativas de ecumenismo. Con el nombre de modernismo, un término equívoco pero que circulaba en los ambientes romanos, todo quedaba reducido a un sistema basado en el inmanentismo y el ateísmo. Mientras tanto, Europa estaba en llamas. El papa murió poco después del estallido de la Primera Guerra Mundial, que intentó evitar con todas sus fuerzas.

■ *Después del cisma de Occidente, los papas abandonaron Letrán y se aposentaron en San Pedro. Según la tradición arquitectónica de los palacios apostólicos, la construcción de los jardines se realizó siguiendo el modelo de las mansiones del Renacimiento. En el Estado más pequeño del mundo (44 ha), éstos ocupan una superficie bastante considerable, aunque no pueden compararse con los de los cardenales de los siglos XVI y XVII (villa Borghese, Doria-Pamfili, villa d'Este). A Pío X y a Juan XXIII les gustaba pasearse por ellos.*

Dos guerras mundiales, el auge y la caída de los fascismos y de la URSS provocaron profundos cambios durante el siglo XX. Surgieron nuevos problemas: la explosión demográfica, la irrupción de las jóvenes naciones de Asia y África, la concentración de la riqueza en los países «desarrollados» y el empobrecimiento de continentes enteros. A través de una utilización espectacular de los medios de comunicación, el papado ejerce actualmente un magisterio mundial.

CAPÍTULO VI
HACIA EL TERCER MILENIO

■ *Juan XXIII (1958-1963) (izquierda) fue el papa más representativo de la apertura de la Iglesia católica al mundo contemporáneo. Siguiendo el camino trazado por el «buen papa Juan», sus sucesores y en particular Juan Pablo II (al lado, con Nelson Mandela en 1995), se dedicaron a derribar las barreras religosas, políticas y sociales que dividen a los pueblos.*

■ *La Acción católica italiana (ACI) fue fundada por Pío X en 1905. Benedicto XV la reorganizó en 1918 (al lado, el papa es aclamado por los jóvenes de la ACI, en el Vaticano). Después de que los fascistas tomaran el poder y disolvieran el partido católico, Pío IX convirtió a la ACI en el instrumento del restablecimiento de la presencia de la Iglesia en la sociedad italiana. La ACI se dedicó a promover la colaboración de los laicos con el apostalado jerárquico de la Iglesia. Los estatutos de 1923 y 1931 la dotaron de una organización capilar y centralizada que dependía del papa y de los obispos. Sobrevivió al fascismo y, con su capacidad de movilizar a las masas, preparó el terreno para el triunfo de la Democracia Cristiana después de la Segunda Guerra Mundial.*

En el fragor de la batalla

La Primera Guerra Mundial puso fin a uno de los más largos períodos de paz que se habían vivido en Europa. Para el papado, fue la primera vez que, privado del poder temporal, se vio confrontado al fulgor de una guerra que se desarrollaba ante sus ojos. Benedicto XV (1914-1922) comprendió inmediatamente que se trataba de una guerra muy cruenta, que desaprobó tachándola del «suicidio de Europa», mientras hacía todo lo posible para detener «una carnicería inútil». Tras el fracaso de su labor diplomática, hizo una condena todavía más absoluta de la guerra, y simultáneamente se impuso en la Santa Sede una estricta neutralidad. Los temores del papa se centraban sobre todo en las consecuencias del conflicto

■ *A partir del sigo XII, los papas, al igual que los obispos y los abades, tenían sus escudos de armas. Los papas de origen noble adoptaron a menudo los blasones familiares con algunas modificaciones (a la derecha, arriba, en el de Benedicto XV, hijo del marqués Della Chiesa, puede observarse una iglesia* —chiesa—, *que simboliza su apellido). Incluso los papas de origen humilde se atribuyeron un blasón.*

armado: «Hay que abandonar la recíproca resolución de destruirse y pensar que las naciones no mueren. Humilladas y oprimidas, llevan temblando el yugo que se les ha impuesto, preparan la revuelta y transmiten de generación en generación una triste herencia de odio y de venganza» (15 de julio de 1915).

La labor diplomática del papa en favor de una paz honrosa y su propia neutralidad le enfrentaron con los intereses de los gobiernos. También provocaron el desacuerdo de los eclesiásticos y de los intelectuales católicos de los dos bandos: todos creían que luchaban por la justicia y contra la tiranía, y hubieran querido que el papa bendijera las armas de su propio país. El resultado fue que Benedicto se convirtió en un papa impopular, sobre todo en Francia donde Clemenceau no ocultaba su desconfianza. La historia más reciente está rehabilitando su tarea, estéril pero profética.

■ *Benedicto XV (abajo) obtuvo más éxitos en el interior de la Iglesia que en sus acciones diplomáticas. Así, por ejemplo, consiguió reconciliar a los tradicionalistas con los modernistas y favoreció el florecimiento de las misiones. El 28 de junio de 1917, promulgó el Código de derecho canónico reclamado por el concilio Vaticano I, cuya elaboración había iniciado Pío X en marzo de 1904.*

UNA POSGUERRA DIFÍCIL

Las previsiones apocalípticas de Benedicto XV se cumplieron puntualmente. La Primera Guerra Mundial no resolvió ningún problema y sumergió a Europa en una atmósfera turbulenta e inestable. Ni los tratados de paz de Versalles y de Saint-Germain (28 de julio y 10 de septiembre de 1919), ni la Sociedad de Naciones (SDN), auspiciada por el presidente americano Thomas W. Wilson (1919), solucionaron los contenciosos entre los pueblos, en tanto que en el Este la revolución soviética de 1917 representaba una nueva amenaza para toda Europa. Las esperanzas de una reactivación económica se redujeron a la nada en 1919 con la crisis de Wall Street que, desde Estados Unidos, repercutió en todos los países europeos.

■ *El 12 de febrero de 1931, Pío XI inauguró Radio Vaticano con un discurso en latín. A partir de aquel momento, fueron retransmitidos otros discursos del papa, sobre todo para celebrar acontecimientos que tenían lugar lejos de Roma. Éste fue el inicio del interés de los papas por los medios de comunicación. En 1936, el papa envió a los obispos de Estados Unidos una encíclica sobre el cine (*Vigilanti cura*), en el que constataba la expansión de la industria cinematográfica, legitimaba las características de ocio del cine y reconocía su estatuto de séptimo arte. Pero, preocupado por el peligro moral que el cine vehiculaba, pidió que se constituyeran comisiones de control.*

Este período de inestabilidad política y económica coincidió en su casi totalidad con el pontificado de Pío XI (1922-1939). Achille Ratti, espíritu autocrático y solitario, se dedicó en un principio a solucionar la «cuestión romana», que emponzoñaba las relaciones entre la Santa Sede e Italia desde hacía más de medio siglo.

Los acuerdos de Letrán

Italia había salido victoriosa del conflicto, pero la guerra había agotado la energía de la nación y eran frecuentes los disturbios sociales. Al tiempo que los socialistas parecían dispuestos a tomar el poder, se formó un movimiento de extrema derecha: el Partido Nacional Fascista (PNF), apoyado por el gran capital y por una gran parte de la jerarquía eclesiástica. El fascismo, liderado por Benito Mussolini, el «duce», tomó el poder el 28 de octubre de 1922, tan sólo siete meses después de la elección de Pío XI,

■ *El Borgo Pio, la antigua «ciudad piadosa» medieval, estaba constituido por una infinidad de callejuelas sombrías que desembocan repentinamente en la inmensidad luminosa de la plaza de San Pedro.*

■ *Los acuerdos de Letrán fueron el resultado de una opción política después de la Primera Guerra Mundial. Por miedo a que se llegara a formarse una unión entre el partido socialista y el partido popular católico, el Vaticano escogió el fascismo. Este mismo miedo ya había llevado a la supresión de los sindicatos católicos en 1924, con la aprobación del Vaticano. Los acuerdos de Letrán provocaron grandes protestas. Dentro de la Iglesia, los miembros más intransigentes del clero católico reprocharon a Pío XI el haber ido demasiado lejos renunciando a los Estados pontificios, del que ya no era más que un simple administrador. Pero más graves aún fueron las críticas de los laicos, católicos y no católicos, que dirigieron sus ataques al «papa fascista», que legitimaba la dictadura. Los acuerdos de Letrán fueron considerados como un entente entre el fascismo y la Iglesia católica para repartirse el mundo (al lado).*

quien iba a tener que lidiar con el nuevo régimen. Después de la ocupación de Roma en 1870, el gobierno italiano adoptó una ley llamada de «garantía» que permitiría al papa el libre ejercicio de su misión universal. Pío XI decidió rechazarla. A lo largo de los pontificados, las posiciones se habían ido limando: la restauración de los Estados pontificios parecía poco realista incluso a la curia más tradicionalista. Se imponía una visión más moderna de la independencia política del papado. Varias concesiones entre el Vaticano y el gobierno fascista condujeron a la promulgación de las leyes de 1923-1925, claramente favorables a la Iglesia.

■ *Diseñada por Bernini, la plaza de San Pedro debía permitir que el máximo número de fieles pudiera ver al papa cuando daba la bendición* urbi et orbi, *y ocultar los pequeños edificios que la rodeaban. Bernini construyó dos pórticos en forma de elipse, unidos a la basílica por dos brazos. Un tercer brazo, que no llegó a ser construido, debía cerrarla por el lado del castillo del Santo Ángel.*

En 1926 se esbozó un compromiso diplomático para encontrar una solución definitiva al conflicto, que finalizó con la firma de los acuerdos de Letrán, el 11 de febrero de 1929. Éstos estaban constituidos por dos documentos distintos: el tratado y el concordato. Mediante la aplicación del tratado, el gobierno italiano garantizaba la soberanía y la libertad del nuevo Estado del Vaticano, el de menor tamaño del mundo. Por su parte, la Santa Sede reconocía al Estado italiano y su capital, Roma. El concordato reglamentaba las relaciones entre la Iglesia y el Estado siguiendo el modelo de otros concordatos que la Santa Sede había establecido con otros países en la misma época. Al tratado se

■ *Los acuerdos de Letrán fueron firmados por el cardenal secretario de Estado Pietro Gasparri y por Benito Mussolini. En contra de lo esperado y con el apoyo del partido comunista italiano, estos acuerdos sobrevivieron a la Segunda Guerra Mundial e incluso fueron integrados en la Constitución italiana.*

añadieron cuatro anexos, el más importante de los cuales fue un «acuerdo financiero». El Estado italiano, como compensación parcial por la pérdida de los Estados pontificios, entregó al Estado del Vaticano mil millones de liras en títulos del Estado al 5 %, a los que se sumaron 750 millones de liras.

■ *El régimen fascista no dejó de explotar la victoria que constituía la firma de los acuerdos de Letrán, que respondían a sesenta años de angustia del mundo católico. Para celebrarla, fueron derribadas las viejas casas de Spina di Borgo, que impedían la perspectiva de la basílica y de la plaza y se construyó una nueva avenida entre la plaza de San Pedro y el castillo del Santo Ángel; (arriba) la vía de la Conciliazione («calle de la Reconciliación»).*

La Segunda Guerra Mundial

Durante el segundo período del pontificado de Pío XI (1930-1939) desapareció cualquier ambigüedad en cuanto a las ideologías que se habían repartido por Europa. Las condenas del nacionalsocialismo en la encíclica en alemán *Mit brennender Sorge* («Con una ardiente preocupación») del 14 de marzo de 1937 y del comunismo soviético (encíclica *Divini Redemptoris* del 19 de marzo de 1937) tuvieron una gran repercusión. La frase pronunciada en francés el 6 de septiembre de 1938, «Espiritualmente somos semitas», dio la vuelta al mundo. El papado adquirió un prestigio moral incomparable. Pío XI estaba a punto de condenar el fascismo, que se había alineado con el nacionalsocialismo alemán, y también de denunciar los acuerdos de Letrán cuando murió repentinamente el 11 de febrero de 1939.

Pío XII (1939-1958) —Eugenio Pacelli— había sido el secretario de Estado de Pío XI. Fue papa durante uno de los períodos más turbulentos de la historia: en primer lugar, la Segunda Guerra Mundial, y más tarde la guerra fría. Casi cuarenta años después de su muerte, sigue siendo difícil interpretar el trasfondo de su pontificado. En su labor en el gobierno de la Iglesia siguió de cerca personalmente todos los asuntos, limitando las aportaciones de sus colaboradores. Quiso demostrar claramente que las decisiones las tomaba únicamente el papa, tanto si suavizaba la imagen jurídica de la Iglesia (encíclica *Mystici corporis*, 1943), entreabría la puerta a los estudios bíblicos (encíclica *Divino afflante*, 1943), o condenaba la nueva teología (encíclica *Humani generis*, 1950), y la experiencia de los sacerdotes obreros en Francia (1954).

Durante la Segunda Guerra Mundial, su línea política fue la misma que adoptó en otra época Benedicto XV y de la que Pacelli fue uno de los artífices: llevó a cabo un gran esfuerzo a nivel diplomático para evitar la guerra y mantuvo la neutralidad de la Santa Sede. Su silencio sobre las atrocidades nazis, de las que el

Pius PP. XII

■ *Pío XII era un romano de Roma, uno de los pocos papas romanos de los tiempos modernos. Había sido secretario de Estado de Pío XI, que prácticamente le designó como sucesor.*

Vaticano estaba al corriente, resultó el aspecto más difícil de comprender. Después de su muerte, se reavivó la polémica cuando el dramaturgo alemán Rolf Hochhut, en su obra *El vicario* (1964) acusó al papa de complicidad. El Vaticano publicó entonces los *Actas y documentos de la Santa Sede relativos a la Segunda Guerra Mundial*. La Santa Sede había considerado peligrosa una denuncia política de los crímenes nazis porque podrían haber agravado la situación de los perseguidos. Pareció más oportuno emprender acciones para socorrer a las víctimas y, en la medida de lo posible, arrancarlas de su triste destino. Fue una elección dramática asumida por el papa, así como por los gobiernos aliados. Esta decisión, dictada por una prudencia humanitaria y política, no obtuvo la aprobación de todo el mundo.

Un aspecto del pontificado de Pío XII, que adquirió mayor resonancia con sus sucesores, fue la mediatización de la persona del papa. Los medios audiovisuales universalizaron su imagen. Este hecho tuvo básicamente dos consecuencias: el impacto mediático de la personalidad del papa iba a ser desde entonces tan importante o más que el contenido del mensaje que transmitía por radio o por televisión; esta mediatización, con la rapidez de las comunicaciones y la movilización de las masas populares (2.500.000 peregrinos acudieron al Vaticano en el año santo de 1950), contribuyó a la percepción del papa como el único responsable de la Iglesia católica y le impulsó a intervenir cada vez de forma más directa en los asuntos de las Iglesias locales.

■ *Pío XII, de aspecto hierático y solitario, causaba una profunda impresión a quienes le conocían. Alto, delgado, serio, cuando aparecía en el trono con portadores, provocaba una fascinación magnética entre el pueblo llano y los grandes de este mundo. Durante su pontificado se iniciaron las grandes reuniones multitudinarias para ver al papa.*

El concilio Vaticano II

A raíz de la muerte de Pío XII, todo el mundo se dio cuenta del giro que la Iglesia estaba emprendiendo. La elección de Juan XXIII (1958-1963) —Angelo Roncalli—, de setenta y siete años, fue interpretada como un paréntesis, en espera de que se aclarara la situación.

Pero en contra de lo esperado, este pontificado supuso un giro decisivo. En primer lugar, en el estilo del papado. La única preocupación del papa Juan fue la de ser un buen pastor. Le gustaba dialogar con todos: con los católicos y con los «hermanos separados», con los creyentes y los no creyentes.

■ *Aunque fue muy corto, menos de cinco años, el pontificado de Juan XXIII (al lado) fue un pontificado fundamental para la historia de la Iglesia. A él se debe una reforma compleja y profunda de la misma, que le hizo abandonar su antigua concepción de fortaleza atrincherada y adoptar un comportamiento abierto y acogedor respecto a los hombres. En este sentido, puede realmente calificarse a Juan XXIII de «papa de transición»: a las puertas de un nuevo milenio, dio por cerrada la época constantina de la Iglesia e inició una nueva era histórica.*

Lo hizo con una simplicidad, una bondad y una humildad que le granjearon la simpatía y el respeto de todos.

El 25 de enero de 1959 hizo pública su intención de convocar un concilio ecuménico, al que fueron invitados los cristianos de todas las confesiones. En la ceremonia de inauguración, el 11 de octubre de 1962, pidió a los padres conciliares (más de tres mil) que evitaran cualquier condena y que ante todo intentaran buscar un punto de encuentro con el mundo y sus problemas.

Un buen ejemplo de ello fueron sus encíclicas dirigidas al mundo entero. La última y más importante fue *Pacem in terris*, publicada algunas semanas después de su muerte. El papa declaró que, en la situación del momento, la guerra sólo podía justificarse como un instrumento de justicia y que la obra de la paz requería la colaboración de todos los hombres de buena voluntad, sin distinción de creencias. El duelo que produjo su muerte tuvo un alcance universal.

Su sucesor, Pablo VI (1963-1978) —Giovanni Battista Montini—, no consiguió la popularidad del papa Juan, al que había definido como «nuestro Hamlet». Efectivamente, este papa, un hombre con una cultura amplia y profunda (sus noventa cajas de libros son ya legendarias) tenía un carácter profundamente indeciso. Durante muchos años fue consejero de Pío XII y era demasiado dado a sopesar los pros y los contras. Sus dudas eran frecuentes, y finalmente sus decisiones resultaban tradicionalistas, apoyadas tan sólo por una minoría. Esto fue lo que sucedió en particular con la encíclica *Humanae vitae* (1967), que condenaba la anticoncepción, y que

■ *Caía la lluvia en Roma el 3 de junio de 1963. Se sabía que el papa estaba moribundo y por la noche la gente acudía a mirar la ventana iluminada tras la cual estaba a punto de extinguirse. Bajo la lluvia, la gente, arrodillada, rezaba en la plaza de San Pedro. Cuando se anunció su muerte, la gente lloraba sin ocultarse por las calles de Roma.*

■ *El pontificado de Pablo VI estuvo marcado por gestos espectaculares de un gran simbolismo. La peregrinación a Jerusalén, en enero de 1964, en la que se entrevistó con el patriarca de Constantinopla, Atenágoras I, fue uno de ellos: el lugar del encuentro, las personalidades de los dos hombres y el papel que detentaban en la Iglesia dieron pie a la esperanza de un ecumenismo al alcance de la mano. Atenágoras I devolvió la visita a Pablo VI, en la basílica de San Pedro (al lado) al año siguiente. Tuvo que esperarse hasta este momento para que fueran levantadas las excomuniones recíprocas entre Roma y Constantinopla, proclamadas en el año 1054.*

resquebrajó la unanimidad de la Iglesia que se había conseguido en el concilio.

A este hombre, dividido entre la necesidad de reencontrarse con el mundo y el temor a traicionar la dimensión sobrenatural de la fe, se le ha considerado como la encarnación de la angustia que padecía la sociedad moderna al finalizar el gran optimismo de los años sesenta.

Dirigió el concilio que finalizó el 8 de diciembre de 1965 y aplicó sus decisiones, a veces con valentía, teniendo siempre en cuenta las dificultades que implicaban.

Un papa procedente del Este

Con el corpus del Vaticano II se podía esperar que la Iglesia estuviera dispuesta para afrontar el tercer milenio.

Pero esto significaba ignorar la historia del concilio. Las intervenciones que tuvieron lugar durante las sesiones hicieron pensar que habría una mayoría que se pronunciaría en contra, como en cualquier debate democrático. Pero el resultado fue muy espectacular: todos los textos obtuvieron prácticamente la totalidad de los votos a favor. Había que regocijarse de esta maravillosa unanimidad, pero un análisis más afinado ponía de relieve que a menudo se debía a una cierta ambigüedad de los textos conciliares. Una vez finalizado el concilio, todo iba a depender de la interpretación de los documentos que hiciese el magisterio ordinario. Aunque nadie se hacía muchas ilusiones en cuanto a la actitud de la curia romana, se esperaba mucho del papado. Los sucesores de Pablo VI iban a desvelar el sentido histórico del concilio.

■ *Con Pablo VI se vieron por última vez los símbolos de la pompa pontificia. El propio papa las suprimió en 1968. La tiara fue vendida y el dinero se distribuyó entre los pobres. El trono con portadores (*sedia gestatoria*) fue enviado al museo de la residencia pontificia del palacio de Letrán, donde también se encuentran los últimos* flabelli*, abanicos gigantes de plumas de avestruz y de pavo real montados en un mango de terciopelo bordado en oro y cuyo uso, de origen egipcio, se remontaba al siglo* VI.

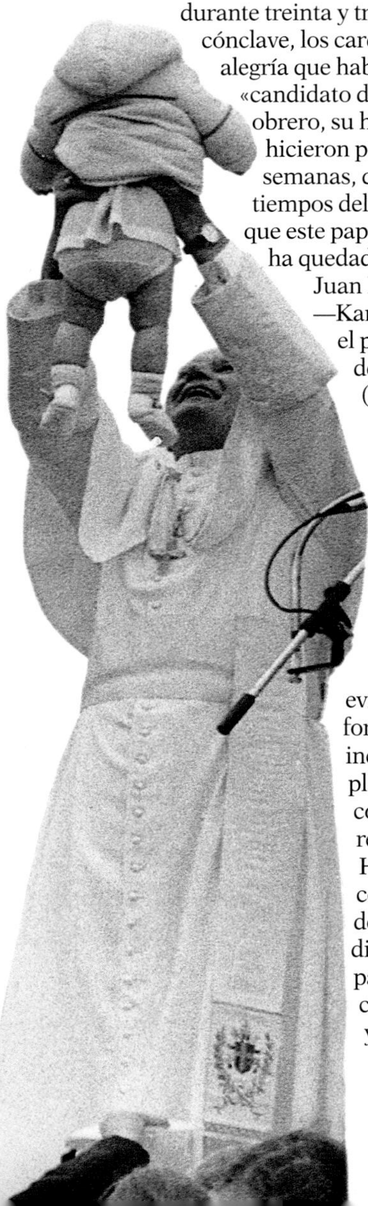

Juan Pablo I (1978) —Albino Luciani— sólo fue papa durante treinta y tres días. Al salir del cónclave, los cardenales declaraban con alegría que habían elegido al «candidato de Dios». Su origen obrero, su humildad y su sonrisa hicieron pensar, durante algunas semanas, que habían vuelto los tiempos del buen papa Juan. Lo que este papa podía haber hecho, se ha quedado en incógnita.

Juan Pablo II (desde 1978) —Karol Wojtyla—, polaco, es el primer papa no italiano después de Adriano VI (1522-1523). Su valentía, su determinación, la experiencia adquirida bajo un régimen comunista, su poca relación con la curia iban a modelar la Iglesia de este fin de siglo.

Pronto resultó evidente que, por su formación, el papa se inclinaba por un planteamiento conservador de la realidad eclesiástica. Hizo hincapié en la constitución jerárquica de la Iglesia («por disposición divina»). El papa estaba situado en la cúspide de esta jerarquía y tenía todo el poder en sus manos. El nuevo Código de derecho canónico, publicado el 25 de enero de 1983,

■ *«Deseaba que tuviéramos un pastor, y ya lo tenemos», dijo el cardenal Marty cuando fue elegido Juan Pablo I. Albino Luciani fue el primer papa en escoger un nombre compuesto. Con ello quería dar a entender que su pontificado iba a seguir el camino trazado por Juan XXIII y por Pablo VI. La muerte súbita de este papa poco diplomático, que conocía poco los entresijos de la curia, levantó sospechas: algunos pretendieron que había sido envenenado.*

■ *Con Juan Pablo II se impuso el nuevo estilo de pontificado. El acercamiento a los fieles, que ya se había humanizado con los papas precedentes, se modeló siguiendo el ejemplo de las grandes* vedettes *de la política soviética y americana.*

■ *Karol Wojtyla era un perfecto desconocido para el gran público cuando fue elegido en octubre de 1978. Cuando el cardenal diácono pronunció el nombre del elegido («Woitiua»), a la muchedumbre apiñada en la plaza de San Pedro le pareció entender que se trataba de un africano y dio libre curso a su alegría. Cuando el rostro eslavo del arzobispo de Cracovia apareció en el balcón de las bendiciones, después de un momento de vacilación, el papa supo entablar un diálogo con la muchedumbre que inmediatamente le hizo popular. Nació en Wadowice el 18 de mayo de 1920, y existe un cierto misterio respecto a su época de juventud. Sólo se sabe que su madre murió en 1929, su hermano mayor en 1938 y su padre en 1941. También se sabe que formó parte de un grupo de teatro antes de entrar en el seminario, en 1942. Ordenado sacerdote en 1948, prosiguió sus estudios en Roma (Angelicum) y en la universidad Jagellon, en Polonia. Profesor de ética en la universidad de Lublin en 1954, fundó en esta ciudad un instituto de moral que dirigió hasta 1978. Fue obispo auxiliar de Cravocia a partir de 1958 y en 1964 fue nombrado arzobispo de la misma ciudad.*

se remitía a la terminología del Concilio Vaticano I para describir el papel del papado en la Iglesia.

Juan Pablo II asumió en cambio una visión totalmente moderna de los problemas políticos y socioeconómicos. Esto le llevaba a utilizar un doble lenguaje: autoritario dentro de la Iglesia, y democrático e incluso populista cuando se trataba de la sociedad civil. El hecho de haber sido durante mucho tiempo profesor de ética, hizo que los problemas morales fueran el núcleo central de su magisterio.

Papa peregrino

Karol Wojtyla es un gran viajero que ha surcado el mundo durante toda su vida. Desde que fue elegido papa, ha multiplicado los viajes pontificios iniciados por Pablo VI (página de la izquierda, en Irlanda en 1979, arriba en Costa de Marfil en 1986, al lado en Puerto Rico en 1984). De un país a otro, de un continente a otro, provoca la exaltación de las masas y deja perplejo a todo el mundo. Ni el atentado sufrido en 1981, ni los problemas de salud han podido frenar su deseo de hallarse presente en todas partes donde esté la Iglesia.

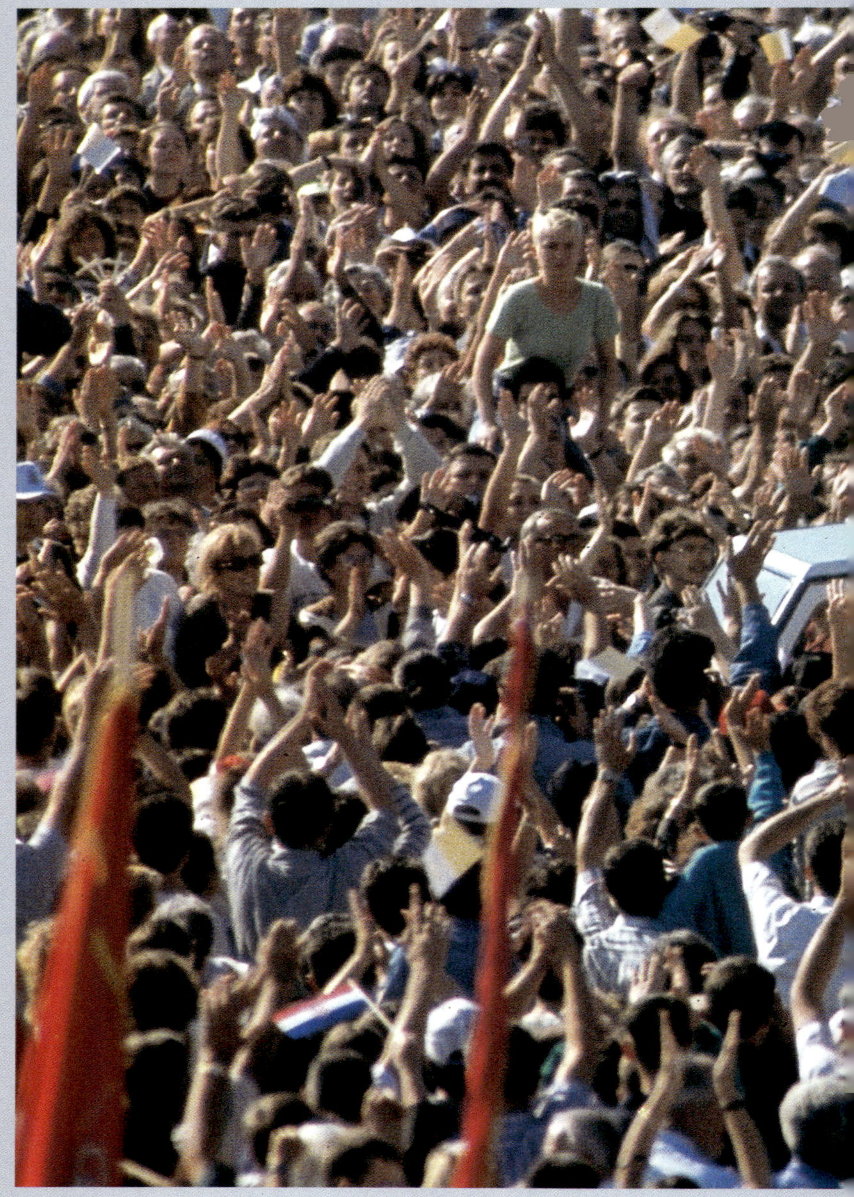

■ *Después del intento de asesinato, el 13 de mayo de 1981, el papa viaja en un coche provisto de una cámara de cristal blindado, el «papamóvil», ofrecido por los mejicanos (al lado, en Francia en 1986; abajo, en Polonia, con el cardenal Wyszynski, en 1979).*

Dotado de un carisma indiscutible, Juan Pablo II intenta transmitir su mensaje realizando frecuentes y espectaculares viajes, preparados cuidadosamente por anticipado hasta en los más mínimos detalles. Besa el suelo a su llegada, celebra misas que reúnen a grandes multitudes, pronuncia discursos adaptados a la realidad propia de cada uno de los países que visita y da libre curso a su excepcional talento como políglota y actor avezado.

Más idolatrado que Pío XII, es el blanco de numerosas críticas, tanto dentro como fuera de la Iglesia católica. Con Juan Pablo II, el discurso sobre el papa se ha vuelto extremadamente complejo. Cuando se lee la bibliografía a que ha dado lugar su pontificado, se produce un desconcierto por la extremada violencia de los ataques de que es objeto, así como por las alabanzas triunfales que exaltan el más mínimo gesto y la más mínima expresión del pontífice.

Los historiadores, si quieren mantener un mínimo de serenidad en espera de un distanciamiento crítico que sólo el tiempo puede aportar, deberían recordar la recomendación de Sirácides (11, 27-28): «Antes de su muerte, no cantes nunca las alabanzas de nadie, porque sólo en la muerte se reconoce a un hombre.»

¿CUÁL SERÁ EL PAPADO DEL FUTURO?

¿Qué lugar ocupará el papado en los inicios del siglo XXI? Pueden avanzarse dos hipótesis. La primera, prolongando la evolución reciente, lleva a pensar en un papel cada vez más autoritario del papado, que suprimiría de hecho la autonomía de todos los poderes intermedios y de las Iglesias locales. La segunda opta por una ruptura de la historia que llevaría a replantear la función papal en las estructuras de una Iglesia totalmente renovada.

El propio Juan Pablo II parece inclinarse por esta segunda posibilidad en su última encíclica *Ut unum sint,* del 25 de mayo de 1995: «Hay que encontrar una forma de ejercer la primacía abierta a una nueva situación.»

¿Nos acercamos quizá a una «crispación de la historia»?

TESTIMONIOS Y DOCUMENTOS

EL PAPADO EN LA ANTIGÜEDAD

El historiador no debería proyectar en los primeros siglos de la cristiandad la imagen del papado de hoy. Con el paso de los tiempos, diversos acontecimientos, lugares y hombres intervinieron en la aparición, auge y legitimación de la institución más antigua de Occidente.

Evangelio según san Mateo XIV, 18

Cuando se escribió este texto a finales del siglo I, nadie podía ver en él ninguna alusión a Roma ni a su obispo. En él se habla sólo de la fe expresada por Pedro, la «piedra» sobre la que Jesús fundó la Iglesia. En los siglos II y III, la iglesia de Roma gozó de un gran prestigio, de un prestigio que provenía del hecho de que Roma era el lugar donde Pedro y Pablo dieron testimonio de su fe hasta el martirio. Nadie legitimaba la importancia de esta iglesia recurriendo al texto de Mateo. En el siglo IV, tanto en Oriente como en Occidente se seguía creyendo que la «piedra» era Cristo, o Pedro, o la fe de Pedro. Hacia finales de este siglo, el papa Dámaso fue el primero en utilizar estos versículos para tender el puente desde la persona de Pedro y de su iglesia al «sucesor de Pedro». El obispo de Roma se convirtió entonces en la «piedra» sobre la que se fundamentaba la Iglesia.

Cuando llegaron a la región de Cesarea de Filipo, Jesús preguntó a sus discípulos: «¿Quién dicen los hombres que es el Hijo de Dios?» Ellos respondieron: «Unos que es Juan el Bautista; otros, Elías; y otros aún, Jeremías o uno de los profetas.» Él les dijo: «Y vosotros, ¿quién decís que soy yo?» Tomando la palabra, Simón-Pedro respondió: «Tú eres el Cristo, el Hijo de Dios vivo.» Tomando de nuevo la palabra, Jesús le dijo: «Bienaventurado seas, Simón, hijo de Jonás, pues no es la carne ni la sangre quienes te han revelado esto, sino mi Padre que está en los cielos. Y yo te digo: tú eres Pedro y sobre esta piedra edificaré mi Iglesia, y el Poder de la muerte no prevalecerá contra ella. Te entregaré las llaves del Reino de los cielos y todo lo que atares en la tierra será atado en los cielos, y todo lo que desatares en la tierra será desatado en los cielos.»

■ *Inscripción del papa Dámaso en las catacumbas de San Calixto, Roma.*

Entonces prohibió severamente a los discípulos que dijeran a nadie que él era el Cristo. Luego, Jesucristo explicó a sus discípulos que debía ir a Jerusalén y padecer muchos sufrimientos a causa de los presbíteros, de los sumos sacerdotes y los escribas, y que sería entregado a la muerte pero que, al tercer día, resucitaría. Pedro, tomándole consigo, le recriminó diciendo: «¡Que Dios no lo consienta, Señor! ¡De ningún modo debes aceptar tal cosa!» Pero él, volviéndose hacia Pedro, le dijo: «¡Apártate! ¡Apártate de mí, Satanás! Eres piedra de escándalo para mí, porque tus miras no son las de Dios, sino las de los hombres.»

Evangelio según san Mateo,
Nuevo Testamento,
capítulo XVI, versículos 13 al 23

San Dámaso I (1 de octubre 366 - 11 de diciembre 384)

Dámaso fue el primer obispo de Roma que utilizó las palabras «Tú eres Pedro...» para fundamentar su poder en las palabras de Jesús. La situación en que accedió al pontificado y la forma en que lo ejerció ponen de manifiesto la importancia que había adquirido a finales del siglo IV.

Fue diácono durante el pontificado de Liberio, le acompañó luego en el exilio en el año 355, pero pronto consiguió volver a Roma. [...]

A la muerte de Liberio, el 24 de septiembre del año 366, estallaron violentos disturbios debido a su sucesión. Un grupo que siempre le había sido fiel eligió inmediatamente a su diácono Ursino en la basílica Juliana y le nombró obispo; pero una facción rival compuesta por seguidores de Félix eligió a Dámaso, que no dudó en consolidar sus pretensiones pagando a un grupo de indeseables, que asaltaron la basílica Juliana y se dedicaron a matar a los ursinos durante tres días. El domingo 1 de octubre, sus seguidores tomaron la basílica de Letrán, donde fue consagrado. Buscó entonces el apoyo del prefecto de la ciudad (era la primera vez que un papa recurría al poder civil contra sus adversarios), que inmediatamente expulsó de Roma a Ursino y a sus partidarios. Los enfrentamientos se prolongaron hasta el 26 de octubre. Después de esta fecha, los hombres de Dámaso atacaron la basílica Liberiana, donde se habían refugiado los ursinos; según el historiador pagano Amín Marcelino, en el asalto mataron a 137 hombres. Dámaso tenía ya el poder en sus manos; pero los obispos de Italia se escandalizaron al recibir las noticias de lo ocurrido, con lo que su autoridad moral se vio debilitada durante varios años. [...]

Dámaso gozaba del favor de la corte, de la aristocracia, y de las damas ricas; las malas lenguas le pusieron el apodo de «el bufón de las matronas». La magnificencia de su tren de vida y de su hospitalidad contribuyeron a resquebrajar los prejuicios anticristianos de las nobles familias paganas. Reprimió activamente las herejías. [...]

No tomó parte en absoluto en el segundo concilio ecuménico celebrado en el año 381 en Constantinopla, y tampoco contribuyó a la distensión constructiva que se estaba llevando a cabo entre Oriente y Occidente.

Dámaso fue un promotor infatigable de la primacía romana; a menudo llamaba a Roma «la sede apostólica» y decretó que la ortodoxia de un símbolo debía ser avalada por el papa. En el año 378, persuadió a las autoridades públicas para que reconocieran a la Santa Sede como tribunal de primera instancia y también de apelación para el episcopado de Occidente, pero se negaron a conceder al papa una inmunidad especial en la jurisdicción de los tribunales civiles. De acuerdo con estas ideas, Teodoro I (379-395), declaró que el cristianismo era la religión del Estado el 27 de febrero del año 380, manteniendo la forma en que antiguamente los romanos la habían recibido de san Pedro y que entonces era profesada por Dámaso de Roma y Pedro de Alejandría. En opinión de Dámaso, esta primacía no se basaba en decisiones del sínodo, como las pretensiones de Constantinopla, sino exclusivamente en su calidad de sucesor directo de san Pedro, y por tanto como legítimo heredero de las promesas hechas por Cristo a aquél (Evangelio según san Mateo, XVI, 18); como tal, era el único que detentaba el poder jurídico de atar y desatar. Esta convicción impregnó todas sus decisiones en materia de disciplina eclesiástica. [...]

Compuso vibrantes epigramas en verso aunque un tanto ampulosos, principalmente en honor de los mártires y de los anteriores papas, y los hizo grabar en las baldosas de mármol con la elegante caligrafía de su amigo Filócalo; san Jerónimo le atribuye también unos ensayos sobre la virginidad, en prosa y en verso. Fue enterrado en una iglesia que había hecho construir en la vía Ardeatina, pero más tarde sus restos fueron trasladados a San Lorenzo de Dámaso. Su onomástica se celebra el 11 de diciembre.

J. N. D. Kelly,
Diccionario de los papas

Gregorio Magno

La celebridad de Gregorio I Magno (590-604) se propagó mucho más allá de Occidente. Su autoridad era reconocida por todos, aunque él respetaba la autonomía de las Iglesias locales y no quería que su condición prevaleciera sobre la de los demás obispos. Un testimonio de ello es esta carta dirigida al patriarca de Alejandría.

Su beatitud [...] me habla diciendo «como vos lo habéis prescrito». Os ruego que no utilicéis estas palabras hablando de mí, porque yo sé quién soy y quién sois vos. De acuerdo con el rango, vos sois mi hermano, y según las costumbres, mi padre. Así pues no he ordenado, sino que simplemente me he esforzado en indicar lo que me parecía útil. En cualquier caso, no quisiera creer que su Beatitud haya intentado grabar al detalle en su memoria lo que yo quería inscribir en ella. Puesto que dije que ni vos a mí, ni ningún otro a un tercero debe escribir de esta forma. Y he aquí que en el encabezamiento de vuestra carta he descubierto este título «soberbio» de papa universal, que rechazo. Ruego a

■ *El papa Gregorio dictando sus escritos a un escriba.*

vuestra queridísima santidad que no vuelva a decir esto, porque entonces se os negará lo que atribuís exageradamente a otro. No quiero alcanzar la grandeza por medio de las palabras sino por mis actos. Y no considero un honor lo que podría atentar contra el honor de mis hermanos. Mi honor es el honor de la Iglesia universal. Mi honor es la sólida fuerza de mis hermanos. Lo que realmente me honra es que no se niegue a nadie el honor que se merece. Pero si su Santidad me trata de papa universal, se niega a sí misma aquello por lo que me atribuye el hecho de ser universal. Esto no debe ser así. Deben desaparecer las palabras que inflaman la vanidad y hieren la caridad.

en Tillard,
El obispo de Roma

PODER ESPIRITUAL Y PODER TEMPORAL

Durante siglos, en las sociedades en las que la realidad política y religiosa estaban imbricadas, ¿quién ejercía de hecho el poder? Los emperadores y los reyes eran consagrados por el papa y éste necesitaba su apoyo. ¿Lo espiritual debía regir lo temporal, o lo temporal no tener en cuenta lo espiritual?

Los «Dictatus papae» o la proclamación de la teocracia (1075)

En su enfrentamiento con Enrique IV, emperador de Alemania, Gregorio VII imprimió al papado un auge decisivo que le condujo al apogeo de su poder en Europa.

I. La Iglesia romana fue fundada únicamente por el Señor.
II. Sólo al pontífice romano podía otorgársele el título de universal.
III. Únicamente él puede deponer a los obispos.
IV. Su legado en un concilio está por encima de todos los obispos, aunque su rango sea inferior por ordenación, y puede dictar contra ellos una sentencia de deposición.
V. El papa puede deponer a aquellos que estén ausentes.
VI. Los que han sido excomulgados por el papa, entre otras cosas, no podrán vivir bajo el mismo techo.
VII. Sólo el papa, cuando lo considere necesario, podrá promulgar nuevas leyes,

■ *Tribunal de la Santa Rota romana.*

agrupar nuevos pueblos, transformar una colegiata en abadía, dividir un obispado rico y reunir los obispados pobres.
VIII. Sólo él puede utilizar los emblemas imperiales.
IX. El papa es el único hombre a quien todos los príncipes deben besar los pies.
X. Es el único cuyo nombre puede ser pronunciado en todas las iglesias.
XI. Su nombre es único en el mundo.
XII. Le está permitido hacer abdicar a los emperadores.
XIII. Le está permitido trasladar a los obispos de una sede a otra, si lo considera necesario.
XIV. Tiene el derecho de ordenar a un clérigo de cualquier iglesia donde quiera.
XV. Aquel al que haya ordenado puede dar órdenes en la iglesia de otro, pero no puede declararle la guerra; no puede recibir de otro obispo un rango superior.
XVI. No puede convocarse ningún sínodo general si él no lo ordena.
XVII. Ningún texto ni libro podrán tener valor canónico si no los autoriza.
XVIII. Sus sentencias no pueden ser reformadas por nadie, y sólo él puede reformar las sentencias de todos los demás.
XIX. No puede ser juzgado por nadie.
XX. Nadie puede condenar a quien apele a la Sede apostólica.
XXI. Las *causae majores* de todas las iglesias deben ser debatidas en su presencia.
XXII. La Iglesia romana no se ha equivocado nunca; y, según el testimonio de las Escrituras, no se equivocará nunca.
XXIII. El pontífice romano, ordenado canónicamente, es indiscutiblemente santo por los méritos del bienaventurado Pedro...
XXIV. Con la orden y el consentimiento del papa, se permite que los súbditos presenten una acusación.
XXV. El papa, al margen de un sínodo, puede deponer y absolver a los obispos.
XXVI. El que no esté de acuerdo con la Iglesia romana, no debe ser considerado católico.
XXVII. El papa puede eximir a los súbditos del juramento de fidelidad a los injustos.

Marcel Pacaut,
La théocratie, l'Église et le pouvoir au Moyen Age.

Primera sentencia contra Enrique IV

En 1076, Gregorio VII excomulgó al emperador y exhortó a sus súbditos a negarle la obediencia.

Bienaventurado Pedro, príncipe de los apóstoles, te ruego que tengas a bien escucharme con benevolencia; escucha a tu servidor, al que has alimentado desde la infancia y preservado hasta el día de hoy de las acechanzas de los malvados que me han odiado y me odian porque soy fiel. Tú eres testigo, al igual que mi soberana, la Madre de Dios, y que el bienaventurado Pablo, tu hermano entre los santos, de que la Iglesia romana, a mi pesar, ha puesto en mis manos sus riendas y que no he considerado una conquista el sentarme en tu trono. Habría preferido acabar mi vida como un humilde peregrino antes que ocupar tu lugar llevado por un sentimiento de gloria mundana y con el interés de un hombre del siglo. Si te ha complacido y te complace aún que el pueblo cristiano, que te ha sido particularmente confiado, me obedezca, considero que se debe a tu gracia y en modo alguno es consecuencia de mis actos. Tu gracia ha descendido sobre mí porque soy tu representante, y esta gracia es el poder que te ha concedido Dios de atar y desatar tanto en el cielo como en la tierra.

Basándome en esta confianza, por el

honor y la defensa de tu Iglesia, que procede de Dios todopoderoso, Padre, Hijo y Espíritu Santo, en virtud de tu poder y de tu autoridad, prohíbo al hijo del emperador Enrique, que se ha levantado contra tu Iglesia con una insolencia inaudita, el gobierno de todo el reino teutón y de Italia; eximo a todos los cristianos del juramento que le hicieron o que le hacen; prohíbo que nadie le obedezca como a su rey. [...] Lo juro por la fe de tu poder, para que las naciones lo sepan y aprueben que tú eres Pedro y que sobre esta piedra el Hijo de Dios vivo edificó su Iglesia, contra la cual nunca prevalecerán las puertas del infierno.

en Marcel Pacaut, *La théocratie, l'Église et le pouvoir au Moyen Age.*

Bula «Unam Sanctam» de Bonifacio VIII

En 1302, el papa Bonifacio VIII, en pleno conflicto con Felipe el Hermoso, afirmó el poder absoluto del papado.

[...] Esta Iglesia, una y única, tiene por tanto un solo cuerpo, una cabeza y no dos como los monstruos; la Iglesia es el Cristo y Pedro, vicario de Cristo, y el sucesor de Pedro, de acuerdo con lo que el Señor dijo al propio Pedro: «Pais mes brebis» (Juan XXI, 17). Dice «mes» en general, y no ésta o aquélla en particular, lo que da a entender que todas les han sido confiadas.

Nos lo enseñan las palabras del Evangelio: este poder comporta dos espadas... Ambas están pues en poder de la Iglesia, la espada espiritual y la espada material. Pero el poder material debe ser ejercido en favor de la Iglesia por los reyes y caballeros, con el consentimiento y el acuerdo del papa, y aquél por la propia Iglesia, a través del papa. La espada debe pues estar subordinada a la espada, y la autoridad temporal sometida a la autoridad espiritual... El poder espiritual debe prevalecer en dignidad y nobleza sobre todo tipo de poder terrenal; debemos reconocerlo así para que quede claro que los asuntos espirituales prevalecen sobre los temporales. [...]

Por esta razón, declaramos, decimos, definimos y afirmamos que es absolutamente necesario para su salvación que toda criatura humana se someta al pontífice romano.

La foi catholique, textes doctrinaux du magistère de l'Église

La devoción al Papa

El 5 de julio de 1809, Napoleón I hizo detener a Pío VII porque se negaba a aplicar el bloqueo continental en los Estados pontificios. Los cristianos se rebelaron en Francia y en toda Europa. Paradójicamente, estas medidas dieron lugar a la devoción al papa.

El estruendo del cañón del castillo del Santo Ángel anunció la caída de la soberanía temporal del pontífice. La bandera pontificia arriada dio paso a aquella bandera tricolor que en todo el mundo anunciaba tanto la gloria como la derrota. Roma había visto pasar y desaparecer muchas otras tormentas, que no hicieron más que quitar el polvo que cubría su vieja cabeza... [...]

El papa respondió que si los juramentos de fidelidad obligaban a Radet a obedecer las conminaciones de Bonaparte, con mayor razón él, Pío VII, debía mantener los juramentos que había hecho cuando recibió la tiara, y no podía ni ceder ni abandonar los dominios de la Iglesia que no le pertenecían a él y de los que no era más que el administrador.

El papa preguntó si debía marcharse solo: «Su Santidad puede llevarse con él a

su ministro, respondió el general.» Pacca corrió a revestirse con sus hábitos de cardenal en la habitación contigua. [...]

Cuando Pacca volvió con sus hábitos de cardenal, su augusto señor estaba ya en manos de sus esbirros y los soldados le obligaban a bajar la escalera por encima de los restos de las puertas destrozadas.

Cuando Pío VII abandonó Roma, llevaba en su bolsillo un *papetto* de veintidós céntimos como un soldado a cinco céntimos al día, pero recobró el Vaticano. Bonaparte, en el momento de las hazañas del general Radet, acumulaba reinos en sus manos, pero ¿qué se hizo de ellos? [...]

El papa firmó en primer lugar una protesta solemne; pero antes de firmar la bula de excomunión preparada desde hacía mucho tiempo, le preguntó al cardenal Pacca: «¿Usted qué haría?» «Levante los ojos al cielo —respondió el servidor—, y luego dicte sus órdenes: lo que salga de su boca será lo que el cielo quiere.» El papa levantó los ojos, firmó y ordenó: «Dé curso a la bula.»

Megacci pegó las primeras copias de la bula en las puertas de las tres basílicas, San Pedro, Santa María la Mayor y San Juan de Letrán. El general Miollis arrancó el tablero y envió la bula al emperador. [...]

Se tomaron precauciones militares, se dieron las órdenes en el mayor secreto y se hicieron los mismos planes que en la noche de San Bartolomé: cuando sonara el reloj del Quirinal una hora después de la medianoche, las tropas reagrupadas en silencio deberían subir corriendo intrépidamente hasta la cárcel donde se hallaban los dos sacerdotes decrépitos.

A la hora acordada, el general Radet penetró en el patio del Quirinal por la entrada principal; el coronel Siry, que había entrado sigilosamente en el palacio, le abrió las puertas desde el interior. El general subió a los aposentos; al llegar a la sala de santificaciones, encontró en ella a la guardia suiza compuesta por cuarenta hombres, que no opusieron ninguna resistencia pues habían recibido la orden de no intervenir. El papa quería estar a solas con Dios.

Las ventanas del palacio que dan a la calle que desemboca en la puerta Pia habían sido destrozadas a hachazos. El papa, que se había levantado apresuradamente, se hallaba en la sala de audiencias ordinarias, revestido del roquete y la muceta, con el cardenal Pacca, el cardenal Despouig, algunos prelados y los empleados de la secretaría. Estaba sentado delante de una mesa entre los dos cardenales. Entró Radet y se produjo un silencio en ambos bandos. Radet, pálido y desconcertado, tomó finalmente la palabra y dijo a Pío VII que debía renunciar a la soberanía temporal de Roma, y que si su Santidad se negaba a obedecer, tenía la orden de conducirle ante el general Miollis.

François-René de Chateaubriand,
Memorias de ultratumba

El Renacimiento y los papas mecenas

La Roma cristiana tomó el relevo de la Roma imperial. A pesar de las destrucciones y los pillajes, los papas siempre consideraron que era su deber restaurarla y embellecerla. El Renacimiento representó el apogeo del mecenazgo papal.

■ *Sixto IV ordena al cardenal Platina la creación de la Biblioteca vaticana.*

El papel cultural y artístico ejercido por el papado comenzó mucho antes del Renacimiento. La conversión de Constantino en el siglo IV y el papel que iban a desempeñar los papas en la ciudad constituyó la oportunidad de la Roma imperial para evitar su declive.

Cuando los papas volvieron de Aviñón, se encontraron con una ciudad desolada, sembrada de monumentos en ruinas. El esplendor de Roma se debió a su impulso, basado en una soberanía finalmente indiscutible y en las riquezas de toda la cristiandad. El mecenazgo de los papas no estuvo exento de ambigüedades y la frontera con el «buen gobierno» fue a menudo incierta. Los deberes del soberano temporal se habían metamorfoseado por la dimensión religiosa de la ciudad que debía atraer, acoger, convertir. Esto podía justificar la derivación de lo útil e incluso de lo necesario a la belleza formal. A pesar de las críticas que ha provocado el esplendor de las apariencias por encima de la austeridad de los príncipes, el mecenazgo puede comprenderse en un juego de espejos. La magnificencia reflejaba el poder de la Iglesia que debía ser considerado como la imagen de la verdad que detentaba. Sin embargo este mecenazgo no fue lineal ni unívoco. Tuvo momentos de esplendor, y de declive. A los papas creadores y pródigos, embriagados por la grandeza temporal, les sucedían otros humildes o conservadores, amantes de la austeridad y que economizaban los denarios de la Iglesia, acabando y restaurando monumentos, pero sin deseos de gloria personal. Entre los siglos XV y XVI, el Renacimiento llevó el sello de monarcas fastuosos: Sixto IV, Inocencio VIII, Julio II, León X, Pablo III, Sixto V. Después de un paréntesis dedicado al examen de

■ *Vista del interior de la basílica de San Pedro.*

consciencia, floreció la etapa del barroco, surgido de una concepción voluntarista y lúcida del papel que le correspondía al arte. Pablo V Borghèse, Urbano VIII Barberini, Alejandro VII Chigi fueron sus protagonistas, bajo cuyo impulso transcurrió a *mezza voce* el siglo XVIII. [...]

A nivel urbanístico, durante el Renacimiento se construyeron vías públicas para facilitar el acceso a la ciudad de las masas de peregrinos que en su mayoría entraban por la puerta Flaminia, al norte. Así se formaron los dos «tridentes», uno en la plaza del Pueblo y el otro al final del puente del Santo Ángel adonde conducía la vía Julia construida por Julio II, que permitía llegar directamente al Vaticano. La red de calles rectilíneas diseñadas en la época de Sixto V para reagrupar las basílicas tenía el mismo objetivo: permitir el desplazamiento de las comitivas y las procesiones, un espectáculo inherente a la vida de la Iglesia. El gusto por lo monumental se manifestó en la creación de plazas concebidas como un alto en el camino que permitiera admirar, por ejemplo, la plaza del Capitolio realizada por Miguel Ángel y la columnata de Bernini frente a San Pedro. Las fuentes evidenciaban esta derivación de lo útil hacia la magnificencia y el interés de los papas por ellas: Sixto V y el Acqua Felice, Pablo III y el Acqua Paola, Inocencio X y la fuente de los Ríos en la plaza Navona; y por último la fuente de Trevi, iniciada por Clemente XII y finalizada por Benedicto XIV, la más famosa y grandiosa de todas, que fue la última en construirse.

La Iglesia triunfante demostró su grandeza en la reedificación de San Pedro, cuyo primer proyecto data de 1454, hasta la finalización de la fachada en 1614. Un largo recorrido que con su continuidad absorbió todas las divergencias: cambios de arquitectos, cambios de proyectos, entre ellos el de la cruz griega que quería realizar Miguel Ángel por la cruz latina, más apta para reunir a las masas que debía albergar. La cúpula constituía un reto arquitectónico inigualable, con el que se consiguió alcanzar el efecto de grandeza deseado. Julio II no dejó nada en pie de la basílica constantina. Este desprecio por el pasado, que significaba ante todo la fe en la modernidad, puede apreciarse en la restauración de las basílicas mayores, que se realizó siguiendo los dictados artísticos de la época, como por ejemplo la renovación de la nave de San Juan de Letrán de Borromini. La exaltación del poder temporal seguía los mismos derroteros. Los palacios pontificios, el Quirinal, el Vaticano y el propio Letrán, que no se usaba, fueron más bien agrandados que renovados para no tener nada que envidiar a las potencias extranjeras. El Quirinal, convertido en la residencia permanente del soberano pontífice en 1592, adquirió su aspecto actual entre los siglos XVII y XVIII. La decoración fue ante todo una manifestación de riqueza más que de grandeza. La pintura recubrió no sólo las paredes sino también las bóvedas (por ejemplo la capilla Sixtina, la obra maestra de Miguel Ángel; las logias y las cámaras de Rafael). Había esculturas por todas partes. A pesar de las críticas reformistas, los papas conservaron las imágenes pues conocían su valor docente. A través de ellas, reflejo de su gusto y del mensaje que querían transmitir, los papas quisieron infundir espiritualidad a la Iglesia.

Philippe Levillain,
Dictionnaire historique de la papauté.

El contrato con Julio II

De Julio II (1503-1513) se ha conservado la imagen de un papa político y de un jefe guerrero. Lo que le dio más prestigio fue su papel de mecenas que inspiró a artistas como Miguel Ángel, Rafael y Bramante. Él decidió construir San Pedro de Roma.

En la actualidad, debo manifestar que la voluntad de Julio II y de Soderini acabó prevaleciendo. Si el gonfalonero me hubiera animado a quedarme en Florencia, ahora no estaría en Bolonia.

Mi marcha de Florencia, aunque era provisional, fue realmente triste, aunque por otra parte tuvo algunos aspectos cómicos. Al escribir esto, me refiero sobre todo al título de embajador de la República que el Señorío me concedió para la ocasión, y a mi encuentro con Julio II en el Palacio del gobierno, abandonado por el Consejo de los Dieciséis, que había huido con los Bentivoglio. Al nombrarme embajador, el Señorío quiso satisfacer mi deseo de protegerme de la cólera del papa, pero fue una estratagema totalmente inútil.

Repito que si hubiera sido posible, en este caso habría preferido mil veces no tener que someterme a la voluntad de nadie. Sin embargo, actualmente debo reconocer que Julio II me recibió con una actitud paternal. A pesar de mi título de embajador me hallaba en un estado de gran agitación, hasta tal punto que acudí a entrevistarme con el papa vestido de peregrino y no como le corresponde a un delegado de la República.

Esta experiencia me sirvió para llegar a

■ *Panorámica de la basílica de San Pedro.*

la conclusión de que el papa no es el hombre violento que imaginaba, una idea basada sobre todo en los rumores que circulan en Roma. Me quedé muy sorprendido. Puedo y debo admitir que muchas de mis antiguas convicciones sobre él eran erróneas; sin embargo, en cuanto a su cambio de planes respecto al monumento que yo debía construir en San Pedro, mi opinión no había variado. Tendría que haberme dejado realizar el trabajo. Habría creado una obra insuperable. Todavía veo sus elementos: los esclavos, las victorias, los bajorrelieves. Pero ahora ya no debo pensar en ello más que como en un fantasma. En esta obra quería expresar integralmente al hombre y la razón de su existencia, y no los mitos de los griegos y los romanos, ni tampoco las obsesiones de los siglos más próximos a nosotros, sino más bien al hombre contemporáneo.

En resumen, mi obstinación respecto al papa no habría servido de nada. De hecho, actualmente debería darles la razón a todos aquellos que me aconsejaron que «obedeciera inmediatamente» a Julio II, entre ellos a mi padre y a mi hermano Buonarroto.

Se dice que los errores los comete siempre el que ha perdido. Así que soy yo quien estaba equivocado. Sin embargo, sigo estando obstinado y no dejaré de estarlo hasta que el fantasma al que me refiero —el del monumento de Julio II— haya abandonado mi espíritu.

Mientras tanto, he aceptado la propuesta que me ha hecho el papa de erigir una estatua en la fachada de la iglesia principal de Bolonia. ¿Acaso podía negarme? No me gusta hacer retratos, creo que lo he escrito aquí mismo, pero soy el único que conozco los motivos. Y Julio II no podría imaginarse ni por un momento que estuviera haciendo esta estatua a regañadientes.

Rolando Cristofanelli,
Diario de Miguel Ángel el Loco

La infalibilidad pontificia

A partir del siglo V se multiplicaron las intervenciones del obispo de Roma. Las disensiones con la Iglesia de Oriente condujeron al cisma en el siglo XI. En Occidente, se habían discutido durante siglos las prerrogativas del Concilio ecuménico y del papa. A partir del siglo XVI, después de la Reforma, la doctrina sobre la infalibilidad se fue desarrollando hasta su proclamación en el concilio Vaticano I. Como pastor universal, el papa es infalible cuando, en materia de fe y de costumbres, se dirige a toda la Iglesia, con la intención explícita de enunciar una verdad definitiva.

Poder y naturaleza de la primacía de san Pedro

En 1869, el concilio Vaticano I se reunió en Roma. Había que redefinir lo que era la Iglesia y en particular afirmar el papel único del papa, aspectos que ya se habían planteado en algunas ocasiones como la definición del dogma de la Inmaculada Concepción, en 1854. En la asamblea había una fuerte oposición. Pero las intervenciones directas de Pío IX y una consistente presión moral consiguieron que se proclamara la infalibilidad pontificia en 1870. El resto de los temas a tratar se referían a los obispos y a los fieles. Pero el 20 de septiembre de 1870, las tropas italianas entraron en Roma...

Basándonos en el testimonio evidente de las Sagradas Escrituras y siguiendo los decretos explícitamente definidos por nuestros predecesores, los pontífices romanos, así como en los concilios generales, renovamos la definición del concilio ecuménico de Florencia que impone a los fieles la creencia de que «la Santa Sede apostólica y el pontífice romano detentan la primacía en toda la tierra, que el pontífice romano es el sucesor de san Pedro, el primero entre los apóstoles y el verdadero vicario de Cristo, la cabeza de toda la Iglesia, el padre y doctor de todos los cristianos; que a él, en la persona de san Pedro, le fue confiado por nuestro Señor Jesucristo el pleno poder de apacentar, dirigir y gobernar a toda la Iglesia, como se dice en las actas de los concilios ecuménicos y en los santos cánones».

En consecuencia, Nosotros enseñamos y declaramos que la Iglesia romana, por disposición del Señor, ostenta una primacía de poder ordinario, y que este poder de jurisdicción del pontífice romano, realmente episcopal, es inmediato. Los pastores de todos los

■ *Bendición del papa Pío IX en el Vaticano.*

rangos y de todos los ritos, y los fieles, por separado o conjuntamente, están sometidos al deber de subordinación jerárquica y de verdadera obediencia, no sólo en cuanto a las cuestiones referentes a la fe y las costumbres sino también en aquellas que afectan a la disciplina y al gobierno de la Iglesia de todo el mundo. De esta forma, manteniendo la unidad de comunión y de profesión de fe con el pontífice romano, la Iglesia es un único rebaño con un solo pastor. Ésta es la doctrina de la verdad católica, de la que nadie puede apartarse sin que su fe y su salvación corran peligro.

Este poder del soberano pontífice no obstaculiza en absoluto el poder de jurisdicción episcopal ordinario e inmediato según el cual los obispos, escogidos por el Espíritu Santo (Ac XX, 28), sucesores de los apóstoles, apacentan y gobiernan como verdaderos pastores el rebaño que se les ha confiado. Sin embargo, este poder es afirmado, fortalecido y defendido por el pastor supremo y universal, como dice S. Gregorio Magno: «Mi honor es el honor de la Iglesia universal. Mi honor es la sólida fuerza de mis hermanos. Cuando se concede a cada uno el honor que se merece, me siento honrado.» [...]

■ *Acto de inauguración del concilio Vaticano I, el 8 de diciembre de 1869.*

Puesto que el derecho divino de la primacía apostólica sitúa al pontífice romano por encima de toda la Iglesia, enseñamos y declaramos también que es el juez supremo de los fieles y que, en todas las causas que afecten a la jurisdicción eclesiástica, pueden recurrir a su juicio. Nadie puede poner en duda el juicio de la Sede apostólica, que no se debe a ninguna autoridad superior, y nadie tiene el derecho de juzgar sus decisiones. Por esta razón, los que afirman que está permitido apelar las decisiones del pontífice romano en el concilio ecuménico como si se tratara de una autoridad superior a este pontífice, se apartan del camino de la verdad.

Así pues, si alguien dice que el pontífice romano sólo tiene la tarea de inspeccionar o de dirigir pero no el pleno poder soberano de jurisdicción sobre toda la Iglesia, no sólo en lo que respecta a la disciplina y al gobierno de la Iglesia, o que detenta una parte más importante pero no la totalidad de este poder supremo; o que su poder no es ordinario ni inmediato en todas y cada una de las iglesias, así como respecto a todos y cada uno de los pastores y de los fieles, que sea considerado reo de anatema. [...]

Este carisma de verdad y de fe indefectible para siempre fue concedido por Dios a Pedro y a sus sucesores en esta silla, para que llevaran a buen término su elevada tarea para la salvación de todos, de manera que el rebaño universal de Cristo, alejado de los alimentos envenenados del error, sea nutrido con el alimento de la doctrina celestial, a fin de que, suprimida toda posibilidad de cisma, la Iglesia se mantenga totalmente unida y que, erigida sobre estos cimientos, se mantenga firme frente a las puertas del infierno.

Pero como en esta época, que exige al máximo la eficacia salvadora de la tarea apostólica, hay hombres que discuten su autoridad, Nosotros hemos considerado que era absolutamente necesario afirmar solemnemente la prerrogativa que el Hijo de Dios se dignó añadir a la función pastoral suprema.

Por esta razón, siguiendo fielmente la tradición recibida desde los orígenes de la fe cristiana, para la gloria de Dios nuestro Salvador, y de ese modo para la exaltación de la religión católica y la salvación de los pueblos cristianos, con la aprobación del santo concilio, enseñamos y proclamamos como un dogma revelado por Dios que el pontífice romano, cuando habla ex cátedra, es decir, cuando lleva a cabo su tarea de pastor y doctor de todos los cristianos, define, en virtud de su suprema autoridad apostólica, que una doctrina referida a la fe o a la moral debe ser admitida por toda la Iglesia, goza, mediante la ayuda divina que se le prometió en la persona de san Pedro, de esta infalibilidad que el Divino Redentor quiso otorgar a su Iglesia, cuando ésta define la doctrina en cuestiones de fe o de moral. Por consiguiente, estas definiciones del pontífice romano son invariables por sí mismas y no en virtud del consentimiento de la Iglesia.

Si alguien —lo cual no complacería a Dios— tuviera la presunción de contradecir Nuestra definición, que sea reo de anatema.

Extracto «Constitutión dogmática Pastor Aeternus», en Roger Aubert, *Historia de los concilios ecuménicos, Vaticano I,*

Victor Hugo

Frente a los ultramontanos que se regocijaron de la proclamación de la infalibilidad pontificia, amplios sectores de la opinión pública internacional rechazaron y criticaron esta afirmación. En Francia, en 1878, se escuchó la voz más popular, la de Victor Hugo, con su poema «Le Pape».

La infalibilidad.
¡Ah, yo soy el infalible! [...]
Porque el papa jamás vacila ni miente;
porque jamás sale un error de su boca;
la infalibilidad temible y despiadada
brilla en su ojo supremo [...]
¡Oh noche, perdónalos!
Ser un hombre, un juguete del infortunio,
menos libre que el viento, más frágil que la hierba,
el peregrino inquieto de la tierra tambaleante,
una desazón que se estremece y huye,
un atisbo de sombra intentando llamar la atención,
¡ser eso!, sentir tras de sí el abismo
y ante sí la sima, ¡y creerse la cúspide!,
tener un atroz esqueleto en este vil cuerpo carnal,
y decir a Dios: ¡Soy tu igual, Eterno!
Yo soy la autoridad, yo soy la certeza,
y mi aislamiento, Dios, es comparable a tu soledad;
el papa es, junto contigo, el único ser que permanece en pie
en esta inmensa Nada que el hombre llama Todo;
todo no es nada ni ante mí ni ante ti, Señor.
Yo conozco el fin, conozco la meta, conozco al Ser;
eres mío, mi llave te abre y yo te exploro,
Dios sombrío, y veo hasta el fondo tu profundidad.
En el oscuro universo yo soy el único lúcido;
yo no puedo equivocarme; y lo que yo decido
te obliga; y cuando yo digo: ¡Ésta es la verdad!,
está dicho todo. Cuando quiero que te irrites,
cuando establezco la ley, el orden y el punto en el que empieza
tu cólera, y el lugar donde acaba tu clemencia,
¡tú debes inclinar tu enorme cabeza allá en los cielos!
El gran carro estrellado gira sobre dos ejes:
Dios y el Papa.

Victor Hugo, *Le Pape*

Juan XXIII y el concilio Vaticano II

En octubre de 1958, el cónclave consideró que había elegido a un papa de transición cuando la mayoría de los votos se inclinó por el cardenal Roncalli, de 77 años. En realidad, su breve pontificado (1958-1963) imprimió un giro a la Iglesia católica y al papado. Su iniciativa más sorprendente fue la convocatoria de un concilio, en enero de 1959, tres meses después de su elección. Las sesiones del concilio Vaticano II se iniciaron el 11 de octubre de 1962.

«Pacem in terris»

En 1789, con la Revolución francesa, la Declaración de los derechos del hombre significó el inicio de una nueva época. El papa Pío VI la condenó. Ciento setenta años más tarde, en 1963, el papa Juan XXIII presentó los derechos del hombre como la base de la paz en la tierra. Su encíclica «Pacem in terris» es sin duda el documento pontificio que ha tenido una mayor repercusión en el mundo contemporáneo.

Todos los seres humanos tienen derecho a la vida, a la integridad física y a los medios necesarios y suficientes para llevar una existencia decente, en particular en lo que respecta a la alimentación, el vestido, la vivienda, el descanso, la asistencia sanitaria y los servicios sociales. En consecuencia, los hombres tienen derecho a la seguridad en caso de enfermedad, invalidez, viudedad, vejez, paro y siempre que se vean privados de sus medios de subsistencia como resultado de unas circunstancias independientes de su voluntad.

Todos los seres humanos tienen derecho al respeto de su persona, a una buena reputación, a la libertad en la búsqueda de la verdad, en la expresión y la difusión del pensamiento, en la creación artística, siempre que se preserven las exigencias del orden moral y del bien común; también tienen derecho a una información objetiva.

La naturaleza reivindica también para los hombres el derecho a acceder a los bienes de la cultura, a adquirir una instrucción de base así como una formación técnico-profesional. Hay que facilitar los medios para que el mérito de cada uno le permita acceder a los niveles superiores de educación y alcanzar, dentro de la sociedad, los cargos y las responsabilidades más adecuadas a su talento y competencia.

Todos los hombres tienen derecho a elegir con libertad su estado civil. En consecuencia tienen derecho a fundar un hogar, en el que el esposo y la esposa tengan igualdad de derechos y deberes, o bien a escoger la vocación sacerdotal o la vida religiosa.

La familia, basada en el matrimonio libremente contraído, uno e indisoluble, es y debe ser considerada como la célula básica y natural de la sociedad. De ello se desprenden unas obligaciones de orden económico, social, cultural y moral que consoliden su estabilidad y faciliten la realización del papel que le incumbe.

En primer lugar, corresponde a los padres el derecho a asegurar el sustento y la educación de sus hijos.

Todos los hombres tienen derecho al trabajo y a la iniciativa en el terreno económico.

A estos derechos está ligado indisolublemente el derecho a unas condiciones de trabajo que no pongan en peligro la salud y la moralidad y que no obstaculicen el desarrollo normal de la juventud; y en cuanto a las mujeres, tienen derecho a unas condiciones de trabajo que se armonicen con las exigencias de su sexo y con sus deberes como esposas y madres.

La dignidad humana implica igualmente el derecho a desarrollar la actividad económica en unas condiciones normales de responsabilidad personal.

Del hecho de que el ser humano vive en

sociedad se desprende el derecho de reunión y de asociación, el de dotar a los grupos de las estructuras que se consideran más adecuadas para llevar a cabo sus objetivos, así como el derecho de asumir libremente determinadas responsabilidades con vistas a conseguir estos mismos objetivos.

El concilio Vaticano II

Al concilio Vaticano II (1962-1965) asistieron más de 2.000 obispos de todos los continentes. También estaban presentes observadores de las dieciocho Iglesias no romanas. El Concilio supuso una tarea considerable para la renovación de la Iglesia y su apertura al mundo.

Declaración sobre la libertad religiosa:

[...] El concilio del Vaticano declara que toda persona humana tiene derecho a elegir libremente su religión o creencia. Esta libertad consiste en que ningún

■ *Acto de inauguración del Concilio Vaticano II.*

hombre debe estar sujeto a ningún impedimento tanto por parte de individuos como de grupos sociales y de cualquier poder humano, de forma que en materia religiosa nadie sea forzado a actuar en contra de su conciencia ni se le impida actuar según su conciencia, tanto a nivel privado como público, como individuo o asociaciado con otros. Declara además que el derecho a la libertad religiosa está basado en la propia dignidad de la persona humana, tal como se desprende de la palabra de Dios y de la propia razón. Este derecho de la persona humana a la libertad religiosa en el ámbito jurídico de la sociedad debe ser reconocido de forma que constituya un derecho civil.

La Iglesia en el mundo actual

Éste es otro de los principales documentos del Vaticano II sobre la evolución del mundo y el nuevo lugar que en él ocupa tanto el hombre moderno como el género humano en su conjunto.

Las alegrías y las esperanzas, las tristezas y las angustias de los hombres de hoy, sobre todo de los pobres y de todos aquellos que sufren, son también las alegrías y las esperanzas, las tristezas y las angustias de los discípulos de Cristo, porque no hay nada verdaderamente humano que no haga mella en su corazón. Efectivamente, su comunidad se construye con los hombres reunidos en torno a Cristo, conducidos por el Espíritu Santo en su camino hacia el reino del Padre, y portadores de un mensaje de salvación que hay que proponer a todo el mundo. La comunidad de los cristianos se siente pues real e íntimamente solidaria del género humano y de su historia.

Por todo ello, después de haberse esforzado en penetrar con mayor profundidad en el misterio de la Iglesia, el segundo concilio del Vaticano no duda ahora en dirigirse no sólo a los hijos de la Iglesia y por consiguiente a todos los que se consideran cristianos, sino a todos los hombres en general. A todos quiere exponerles el sentido de la presencia y la acción de la Iglesia en el mundo actual.

El mundo al que se dirige es el mundo de los hombres, el de toda la familia humana en el universo en que vive. Éste es el teatro en el que se representa la historia del género humano, un mundo marcado por el esfuerzo del hombre, por sus derrotas y sus victorias. Este mundo ha sido fundado y sigue en pie gracias a la fe de los cristianos en el amor al Creador; es cierto que se ha caído en la esclavitud del pecado, pero Cristo, por medio de la Cruz y de la Resurrección, ha quebrantado el poder del Maligno y le ha liberado para que pueda transformarse de acuerdo con el designio de Dios y para que así alcance su realización.

En nuestros días, lleno de admiración frente a sus propios descubrimientos y a su propio poder, el género humano se pregunta sin embargo, a menudo con angustia, acerca de la actual evolución del mundo, del lugar y el papel que tiene que desempeñar el hombre en el universo, del sentido de sus esfuerzos individuales y colectivos y, por último, sobre el destino final de las cosas y de la humanidad. A su vez, el Concilio, testigo y guía de la fe de todo el pueblo de Dios reunido por Cristo, no podría dar una prueba más evidente de solidaridad, de respeto y de amor al conjunto de la familia humana, a la que este pueblo pertenece, que el diálogo con ella sobre estos diversos problemas, examinándolos a la luz del Evangelio, y poniendo a disposición del género humano el poder salvador que la Iglesia, guiada por el Espíritu Santo, recibe de su Fundador. Porque de lo que se trata en definitiva es de salvar al hombre, de renovar la sociedad humana. Es, por tanto, el hombre, el hombre considerado en su unidad y su totalidad, el hombre, en cuerpo y alma, en su corazón y su conciencia, en su pensamiento y su voluntad, el que constituirá el eje de nuestra exposición.

El papado y las demás religiones

En el siglo XI, los anatemas recíprocos cavaron un foso entre la Iglesia de Oriente y Roma durante un milenio. En el siglo XVI, la cristiandad occidental se fragmentó y las Iglesias reformadas adquirieron su independencia. Por otra parte, el papado tomó la iniciativa de las Cruzadas. Su actitud respecto a las religiones no cristianas seguía siendo negativa: «No hay salvación posible fuera de la Iglesia.» Pero desde hace algunas décadas, gracias a los pioneros del ecumenismo y del encuentro entre las religiones, se ha manifestado un nuevo espíritu.

El papado según los Artículos de Smalkalda

En 1517, Lutero acusó a Roma. En 1520 fue excolmulgado y tuvo la audacia de dedicar al Papa su libro De la libertad del cristiano. *Antes de su muerte (1546), estaba preparando un libro incendiario:* Contra el papado fundado en Roma por el diablo. *En 1529, en la Dieta de Spira, catorce ciudades y un grupo de seis príncipes formaron la Liga de Smalkalda para protestar contra las presiones que ejercía el emperador para poner fin a la Reforma. Por esas acciones, se les denominó «protestantes».*

Por este motivo, la Iglesia nunca estará mejor gobernada ni mejor asegurada su continuidad si todos los que vivimos bajo un solo señor, Cristo, y si los obispos, en igualdad, en cuanto a su ministerio (aunque desiguales según sus aptitudes) quieren permanecer firmemente unidos entre ellos por un acuerdo unánime sobre la doctrina, la fe, los sacramentos, la oración, las obras de caridad, etc. En este sentido, san Jerónimo escribió que los sacerdotes de Alejandría gobernaban conjuntamente y en común las Iglesias, como habían hecho los apóstoles, y siguieron haciéndolo todos los obispos de la cristiandad hasta el día en que el papa alzó su cabeza por encima de ellos.

Estos hechos ponen de manifiesto que el papa es el verdadero Antecristo o Anticristo, que se ha situado por encima de Cristo y se ha levantado contra él, puesto que no permite que los cristianos alcancen la salvación si no reconocen su poder, que sin embargo no es tal puesto que no ha sido ordenado ni designado por Dios. Esto significa «situarse por encima de Dios y en contra de Dios», como dijo san Pablo. Los propios turcos y los tártaros no actúan de la misma

■ *Entrevista de Juan Pablo II con el patriarca de la comunidad armenia, Estambul, diciembre de 1979.*

manera, por muy enemigos que sean de los cristianos; por el contrario, permiten a otros creer en Cristo y no exigen a los cristianos en contrapartida el tributo de obediencia corporal.

Por último, cuando en el nombre de Dios y contra Dios propaga sus mentiras sobre la misa, el purgatorio, la vida monástica, las obras y el culto creados por los hombres (lo que efectivamente es el verdadero papado) se trata de verdaderas obras del diablo, así como cuando condena, tortura y mata a todos los cristianos que no están de acuerdo y no aceptan por encima de todo estas abominaciones. Por esta razón, al igual que no podemos adorar al propio diablo como a un señor o a un dios, tampoco podemos reconocer como dueño y señor en su reino a su apóstol, el papa o el Anticristo. Puesto que el reinado del papado significa, en realidad, mentira y asesinato, y es causa de la perdición eterna de los cuerpos y las almas, como he demostrado en muchos libros.

en P. Janton,
Voies et visages de la Réforme au XVI siècle.

Declaración conjunta del papa Pablo VI y del patriarca Atenágoras (7 de diciembre de 1965)

El 7 de diciembre de 1965, en víspera de la clausura del concilio Vaticano II, el papa Pablo VI y el patriarca de Constantinopla, Atenágoras I, hicieron una declaración conjunta para poner fin a un período de nueve siglos de ruptura. Con este «gesto de justicia y de perdón recíprocos», abrían el camino hacia la reconciliación.

[...] Entre los obstáculos que se hallan en el camino del desarrollo de estas relaciones fraternas (entre la Iglesia católica romana y la Iglesia ortodoxa) de confianza y estima, se halla el recuerdo de decisiones, actos e incidentes lamentables, que en el año 1054 condujeron a la sentencia de excomunión del patriarca Miguel Cerulario y de otras dos personalidades por parte de los legados de la sede romana, encabezados por el cardenal Humberto, legados que a su vez fueron objeto de una sentencia análoga por parte del patriarca y del sínodo de Constantinopla [...]

El papa Pablo VI y el patriarca Atenágoras I, en su sínodo, en la confianza de que expresan un deseo común de justicia así como el sentimiento unánime de caridad de sus fieles, y recordando el precepto del Señor: «Cuando presentas tu ofrenda al altar [...]» (Mateo 5, 23-24), declaran de común acuerdo que:

a) Lamentan las palabras ofensivas, los reproches sin fundamento y los gestos condenables que, por ambas partas, marcaron o acompañaron los tristes acontecimientos de esta época;

b) Lamentan también y borran de la memoria y de la Iglesia como institución las sentencias de excomunión que le siguieron, y cuyo recuerdo ha significado hasta el momento actual un obstáculo para el acercamiento en la caridad, y las condenan al olvido;

c) Deploran, por último, los vergonzosos precedentes y los acontecimientos ulteriores que, bajo la influencia de diversos factores, entre ellos la incomprensión y la desconfianza mutuas, condujeron finalmente a la ruptura efectiva de la comunión eclesiástica. El papa Pablo VI y el patriarca Atenágoras I, con su sínodo, son conscientes de que este gesto de justicia y de perdón recíproco no basta para poner fin a las diferencias, antiguas o más recientes, que subsisten entre la Iglesia católica romana y la Iglesia ortodoxa y que, mediante la acción del Espíritu Santo, serán superadas gracias a la purificación de los corazones, a la pesadumbre por los errores históricos así como a la verdadera voluntad de llegar a un entendimiento y una expresión común de la fe apostólica y de sus exigencias [...]

Traducción de la «Documentation catholique».

El concilio Vaticano II y las religiones no cristianas

La Declaración sobre las religiones no cristianas es uno de los textos más innovadores del concilio Vaticano II, y lo más sorprendente fue que se adoptase sin demasiadas dificultades. Después de dos siglos de una actitud hostil y negativa, se abría el camino al diálogo. La Iglesia reconocía que no tenía el monopolio de «lo religioso».

Efectivamente, todos los pueblos forman una sola comunidad; tienen un mismo origen, puesto que Dios hizo que la raza humana habitara toda la faz de la tierra, y tienen también un fin último, Dios, cuya providencia, los testimonios de bondad y los objetivos de salvación se extienden a todos, hasta que los elegidos sean reunidos en la ciudad santa, que iluminará la gloria de Dios y hacia cuya luz se dirigirán todos los pueblos.

Los hombres esperan de las diversas religiones encontrar la respuesta a los enigmas ocultos que forman parte de la condición humana y que tanto ayer como hoy atormentan profundamente el corazón humano: ¿Qué es el hombre? ¿Cuál es el sentido y el objetivo de la vida? ¿Qué son el bien y el pecado? ¿Cuál es el origen y el objetivo del sufrimiento? ¿Cuál es el camino para alcanzar la felicidad? ¿En qué consiste la muerte, el juicio y el premio después de la muerte?

¿Qué significado tiene el misterio

■ *Juan Pablo II recibe al rabino Toaff en 1986.*

último e inefable que rodea nuestra existencia, del que extraemos nuestro origen y hacia el cual tendemos?

Declaración sobre las relaciones de la Iglesia con las religiones no cristianas promulgadas por el concilio Vaticano II, el 28 de octubre de 1965.

Juan Pablo II y las religiones no cristianas

El 27 de octubre de 1986, tuvo lugar un acontecimiento que parecía inimaginable hace sólo algunas décadas: los representantes de todas las grandes religiones del mundo se reunieron en Asís, invitados por el papa Juan Pablo, para rezar por la paz. El papa declaró más tarde a la Curia romana:

«El hecho de reunirse en Asís para rezar, ayunar y caminar en silencio [...] ha sido como una señal límpida de la unidad profunda de aquellos que buscan en la religión los valores espirituales y trascendentes en respuesta a los grandes interrogantes del corazón humano, a pesar de las divisiones concretas.»

El cardenal Arenze, presidente del secretariado romano de los no cristianos, declaró un año más tarde, con ocasión de un encuentro de religiones que tuvo lugar en Kioto (Japón):

«Resultaría vano esperar de este encuentro frutos milagrosos, pero sin embargo, nos ayuda a buscar juntos el amor humano y la apertura de corazón, de donde surgen los proyectos y los compromisos. En este sentido, esta cima resulta un hecho trascendental para la vida de los pueblos. Es cierto que el diálogo con otras religiones comporta siempre un riesgo de sincretismo. Pero, preparado con dedicación, tanto en Kioto como en Asís, el diálogo interreligioso acerca a los pueblos, respetando la diversidad de las creencias, mientras que el verdadero peligro resultaría del hecho de replegarse sobre sí mismos.»

LA VIDA EN EL VATICANO

¿Dónde pasa el día el papa? ¿Dónde duerme? ¿Qué hace habitualmente? ¿A qué hora celebra la misa y con quién? ¿A quién sienta en su mesa? ¿A quién recibe en los almuerzos? En una palabra, ¿cómo es este hombre que está por encima de los demás hombres?

Juan Pablo II vive, al igual que sus predecesores, en los dos últimos pisos del palacio pontificio, cuya ala fue construida por Sixto V (1585-1590), que además acabó de cerrar el patio de San Dámaso y transformó en un cuadrilátero la construcción primitiva, obra de Nicolás V (1447-1455) y de Gregorio XIII (1572-1585). [...]

En el tercer piso, los aposentos privados del papa son una copia exacta del piso oficial del nivel inmediatamente inferior. La escalera da a un rellano por el que se accede sucesivamente a una serie de despachos que utilizan el secretario del papa, monseñor Stanislas Dziwisz y sus ayudantes privados. El despacho particular del papa, con una vista que domina San Pedro, corresponde a la segunda ventana del piso, en la cara sur del edificio. La habitación del pontífice se halla en el ángulo del edificio, iluminada por la última ventana de la fachada sur y las dos primeras de la fachada oriental; el cuarto de baño, una clínica dental, el comedor, así como la cocina y la antecocina dan al este; la zona de la

■ *Juan Pablo II en el momento del salir del Vaticano por el Arco delle Campane para dirigirse a la «audiencia general».*

■ *Firma de una encíclica.*

lavandería y los almacenes ocupan la fachada norte. La capilla privada del papa está situada dentro del piso y da al patio Sixto V. Pablo VI, que en los últimos años de su vida tenía dificultades para desplazarse, había hecho construir una terraza protegida sobre el techo del palacio, encima de sus aposentos, para poder caminar y tomar el aire sin tener que bajar a los jardines. Aunque las salas de recepción están decoradas actualmente de una forma sobria pero muy bella, los aposentos privados, el comedor, la habitación y el despacho resultan confortables, pero sin ningún lujo en particular. [...]

Una novedad: la misa del papa para los «happy few»

El papa ha mantenido sus costumbres de la época en que vivía en Cracovia. Se acuesta hacia las once y media y se levanta temprano, entre las cinco y media y las seis de la mañana. Una sesión de gimnasia —Pío XII hizo instalar por primera vez un equipamiento para gimnasia en los aposentos privados— seguida de una ducha rápida. Hacia las siete, después de la meditación, el papa celebra misa en su capilla personal en compañía de sus secretarios y a menudo de algunos invitados, lo que supone una gran novedad en relación a sus predecesores. A esta misa íntima, el papa invita con frecuencia a la superiora o al superior (junto con sus colaboradores) de alguna congregación que esté celebrando su capítulo en Roma; también en ocasiones le acompañan los obispos de un país o de una región que han acudido a una visita *ad limina*, grupos de laicos o amigos polacos. A veces también recibe, algunos días antes, al sacerdote y a los responsables de la parroquia romana que va a visitar el siguiente domingo.

En la práctica, las invitaciones a la misa del papa las realiza su secretario particular, monseñor Stanislas Dziwisz, a quien en general también se dirigen aquellos que quieren disfrutar de tan raro privilegio. Los invitados son recibidos en la puerta de Santa Ana antes de las siete. Al principio, los guardias suizos y los policías de la Vigilanza se mostraban muy desconfiados respecto a toda aquella gente que decía que iba a la misa del papa. Pero luego se acostumbraron, porque cuando el papa está en Roma, casi todos los días recibe a algunas personas que participan en su misa privada. A la izquierda, después del cuartel de la guardia suiza, los visitantes suben por una escalera muy empinada de cuatro pisos de altura, que da a un pequeño patio donde un policía monta guardia junto a un ascensor. De él salen monseñor Dziwisz o una religiosa que reciben a los visitantes y los acompañan hasta la capilla. Si éstos han entrado por la puerta de Bronce, después de subir en el ascensor, entran en una antecámara donde pueden dejar sus efectos personales y siguen luego el corredor hasta la capilla, donde el papa está ya meditando, revestido con la casulla. [...]

Las seis religiosas polacas que se ocupan de la casa y de la cocina asisten todos los días a esta misa. Si los invitados son más numerosos, alrededor de cincuenta como máximo, una parte de los asistentes se queda fuera y sigue la misa desde el pasillo. La misa empieza a las siete en punto. El papa la celebra lentamente, con mucho recogimiento, y cambia de lengua según los invitados o las circunstancias. Le gusta especialmente hacerlo en polaco o en latín. Pero lo hace en francés, en alemán o en español, si la mayoría de los asistentes pertenecen a alguna de estas nacionalidades. Antes de sus viajes hace prácticas celebrando misa en la lengua del país que va a visitar. A veces, un asistente lee la epístola o las religiosas entonan cánticos. En en este sentido, no hay ninguna regla establecida. Pero todo el mundo recibe la comunión en la boca de la mano del papa. Después de la misa que, con la preparación y la acción de gracias —el papa concede tiempo e importancia a estos dos momentos de recogimiento que enmarcan el sacrificio— dura casi una hora, el papa se despoja de los hábitos litúrgicos junto con los demás concelebrantes y luego se dirige a la biblioteca colindante donde se han reunido los asistentes. El papa conversa con cada uno de ellos. El fotógrafo del *Osservatore romano*, Arturo Mari, les fotografía. Según las circunstancias, el papa ofrece un recuerdo, una medalla anual, un rosario, una imagen, y luego se despide.

Mientras la mayoría de los presentes se retira, otra persona de la casa acompaña a los que están invitados al desayuno. En la mesa ovalada, rodeada de una decena de sillas corrientes, iguales para todos los invitados cualquiera que sea su rango, está dispuesto el servicio. Las hermanas sirven café, leche, queso y mermeladas; el pan está ya en la mesa. El camarero, Angelo Gugel, sirve la mesa. El papa escucha y, más que hablar, pregunta. El desayuno y la conversación duran como máximo una hora. Entonces el papa se levanta y se despide de sus invitados. Si los conoce bien, como a sus amigos polacos, por ejemplo a Jerzy Turowicz, el redactor en jefe del *Tygodnik* de Cracovia, les da la mano con afecto y les abraza. Pero en este ambiente familiar, se muestra amable y accesible con todo el mundo.

Después del desayuno, Juan Pablo II se dirige a su despacho donde comenta brevemente con sus colaboradores más próximos el programa del día. Después de unos minutos de conversación, se despiden y dejan solo al papa. Hasta las once existe la consigna de no conceder ninguna cita para una audiencia. El papa va y viene de la capilla a su despacho. Medita, reza... y luego se dirige otra vez a la mesa para escribir. Vuelve a rezar de nuevo, de rodillas frente al altar. Se interrumpe, prosigue el trabajo, y una vez más se sumerge en la meditación.

Quinientas audiencias privadas al año

A partir de las once trabaja y recibe a sus colaboradores más inmediatos en su biblioteca privada, en el segundo piso, una biblioteca amplia que han utilizado todos los papas desde 1870. [...]

Juan Pablo II concede una especial importancia a las entrevistas con los obispos que se hallan de visita *ad limina*, es decir, la visita obligatoria que deben hacer cada cinco años los obispos de una región determinada. Para él, supone una ocasión de estar en contacto directo con las Iglesias locales, y para éstas la de poder entrevistarse con el papa. Recibe a cada obispo en privado, y más tarde tiene lugar una audiencia especial en la que los recibe a todos juntos por grupos nacionales o regionales, a la que le sigue un almuerzo.

El número de audiencias privadas durante el año oscila entre las 450 y las 500. El papa prepara cada una de ellas por separado, para tener claras las cuestiones que se van a plantear durante la conversación con los visitantes. A menudo, a última hora de la mañana, el papa recibe a un grupo de peregrinos en una de las salas del palacio. Los invitados esperan la llegada del Santo Padre, acompañado por el prefecto de la Casa Pontificia, un prelado y su propio secretario. Un cardenal, un obispo o un responsable del grupo presenta a las personas reunidas. El papa pronuncia un discurso preparado de antemano sobre el tema de la reunión que ha motivado el viaje del grupo a Roma. Después, les da su bendición y desciende del estrado para saludar a los participantes e intercambiar algunas palabras con cada uno de ellos. A veces ocurre que el grupo está compuesto por varios centenares de personas pero, incluso en este caso, el papa quiere saludarlos uno a uno, para que todos puedan tener un contacto personal con el Santo Padre.

Invitados a la mesa del papa

El papa multiplica este tipo de contactos, en los que manifiesta su capacidad de hacer que la gente se sienta cómoda, en un ambiente de confianza en la que todos los participantes puedan dar lo mejor de sí mismos. En su biblioteca, la conversación se prolonga sin protocolos. Y luego, súbitamente, el papa consulta el reloj y dice: «Ya ven la hora que es, podemos seguir hablando mientras comemos», y las hermanas encargadas de la cocina que habían previsto esta posibilidad, añaden cubiertos a la mesa pontificia. Aunque el papa no concede una excesiva importancia a la comida, las religiosas polacas se preocupan por alternar los platos italianos con la cocina nacional del pontífice: *pirojki,* patés, *sernik*, pasteles de queso y pescado en gelatina.

En la comida persiste el mismo ambiente distendido y los visitantes, clérigos o laicos, superiores de alto rango de congregaciones religiosas o rectores de universidades católicas, se despiden encantados de la relación que se ha establecido y de haber podido participar en la vida del papa. [...]

Finalizado el almuerzo, el papa descansa durante media hora y después sale a la terraza construida por Pablo VI, donde permanece más o menos una hora, leyendo el breviario, meditando, estudiando las lenguas y disfrutando del aire libre. Prácticamente ha abandonado sus paseos por los jardines del Vaticano que le quitaban demasiado tiempo y le fatigaban porque no quería alterar el itinerario de sus eventuales acompañantes. Juan Pablo II vuelve luego a su despacho donde trabaja en silencio hasta las seis y media, sin recibir a nadie, como por la mañana.

Apresurarse.... lentamente

A las seis y media empiezan las audiencias regulares con los responsables de la secretaría de Estado. El papa escucha, y pide un informe que estudiará cuando se sienta descansado. No es un hombre de decisiones rápidas, en particular respecto a los nombramientos. Más que resolver la cuestión inmediatamente, prefiere esperar a que las circunstancias sean las más adecuadas o haber encontrado al hombre idóneo. [...]

Hacia las ocho, el papa interrumpe el trabajo para cenar, que en general es también una «cena de trabajo», como el almuerzo. El Santo Padre vuelve a su despacho, donde estudia los documentos enviados por la secretaría de Estado y los dicasterios romanos. Repasa todos los documentos de la Santa Sede, incluso aquellos en los que no aparece su firma. Después de leerlos, los marca con una señal, escribe, toma notas o invita a los responsables al día siguiente para discutir las modificaciones que quiere introducir. [...]

La jornada laboral de Juan Pablo II termina hacia las once menos cuarto con las oraciones privadas y la lectura de las completas del breviario. Su lámpara se apaga mucho más temprano que la de sus predecesores, a los que les gustaba trabajar de noche o que a veces sufrían de insomnio, como le ocurría a Pablo VI. Juan Pablo II intenta suplir con este sueño reparador el ejercicio que requeriría su constitución atlética, pero que la vida pontificia no le ha permitido seguir practicando como hubiera deseado.

Un tiempo reservado a la oración

Pero sería totalmente falso pensar que Juan Pablo II se ha adaptado sin más a un horario y a un protocolo inmutables, totalmente contrarios a su verdadero carácter, pues ha sabido preservar el tiempo dedicado a la oración. Meditación, misa, reflexión y trabajo, interrumpidos por largos minutos de oración, se suceden durante la mañana. Dedica largos momentos a la adoración del Santo Sacramento, incluso en el suelo de su capilla. El papa lee su breviario a las horas previstas. Reza regularmente el rosario y cada primer sábado de mes, arrodillado delante del altar de la capilla Paulina, preside el rezo del rosario retransmitido por Radio Vaticano. [...]

Antes de la misa hace una larga preparación, de rodillas. Besa los hábitos con los que va revistiéndose. Acabada la misa, después de haberse despojado de los hábitos litúrgicos, se sumerge en una profunda acción de gracias. A pesar de sus tareas, se esfuerza en ejercer el ministerio pastoral que le corresponde, al igual que todos los demás sacerdotes. Da la comunión cada día. Todos los viernes santos va a confesar a San Pedro. Bautiza a los hijos de sus amigos o a los de sus más modestos colaboradores laicos. Ha bautizado, por ejemplo, al hijo de su camarero. En su capilla, casó a una mecanógrafa y a un cerrajero. Al celebrar estos sacramentos, como el más humilde de los sacerdotes de la Iglesia, quiere manifestar a todos la gran dignidad del sacerdocio católico. [...]

■ *El papa rezando en su capilla privada.*

Un tono de simplicidad

Sacerdote antes de ser pontífice, Juan Pablo II se comporta con una extrema simplicidad humana. En su persona, la dignidad del sacerdote está por encima de la del soberano. Aunque su mirada refleja voluntad y autoridad, no hay nada en su actitud que recuerde la majestad suprema de Pío XII, por ejemplo. Juan XXIII ya había humanizado la figura del papa, al igual que Juan Pablo I. La timidez de Pablo VI dificultaba sus relaciones con los demás. Juan Pablo II no tiene la imagen bonachona del papa Juan. Su porte viril, su franqueza, su tono directo inspiran un respeto afectuoso. Con sus colaboradores y sus amigos se muestra solícito, pero no acepta muestras de deferencia demasiado manifiestas. Durante mucho tiempo, se levantaba solo, se vestía y desvestía sin la ayuda de su ayuda de cámara, pero tuvo que recurrir a él después de los accidentes recientes en la clavícula y en el cuello del fémur. Ha simplificado al máximo el protocolo. Al margen de las audiencias con soberanos, que se atienen al protocolo más que el propio papa, ya no se exige que los hombres vistan de etiqueta o que las mujeres lleven mantilla. Basta con una ropa civil oscura. Se han suprimido las genuflexiones antes de dirigirse al papa, que en la época de Pío XII eran tres, sucesivas. Los visitantes, cuya lista la establecen los servicios del prefecto de la Casa pontificia, son recibidos en la entrada de las salas oficiales por un bedel laico. Los presentan al papa los prelados adjuntos de la secretaría de Estado, que han sustituido a los prelados de antecámara. El papa les acoge calurosamente. La audiencia se prolonga durante varios minutos, en función de la importancia del personaje y del tema de la entrevista. El papa prefiere escuchar más que hablar. Hace preguntas, pero la regla sigue imponiéndole el no hacerlas de forma directa. Al final de cada audiencia, ofrece regalos —una medalla de su pontificado, un rosario, un libro como *El Vaticano y la Roma cristiana*, o reproducciones de Rafael. A los soberanos y a los jefes de Estado a veces les ofrece un tríptico de la medalla del año. [...]

La sencillez en el vestir

Juan Pablo II viste con sencillez. Pío V (1566-1572), antiguo dominico, quiso conservar los hábitos de su orden, iniciando así la costumbre de los papas de llevar sotanas blancas. Hasta aquel momento, exceptuando las grandes ocasiones, los papas llevaban una sotana roja del mismo color que el manto actual. Desde Pío VI (1775-1799), la forma usual de vestir de los papas apenas ha cambiado; simplemente, la sotana es más corta y menos ancha. El papa lleva los días ordinarios una sotana blanca encima de la camisa con cuello romano, con puños vueltos abrochados con botones. A diferencia de la sotana corriente, la sotana corta está provista de una muceta que llega hasta los codos. En la cintura, una faja de moiré blanca, cuyos dos extremos caen del lado izquierdo de la sotana y llevan las armas del papa y una franja dorada. La faja se sujeta con dos presillas en los lados, que en francés se llaman «demoiselles». Colgando de una cadena, el papa lleva la cruz pectoral de oro, sujetada según la antigua costumbre por una anilla de tela en el tercer botón. En el dedo, un anillo de oro en forma de cruz. En la cabeza, durante todo el año, el solideo blanco. Ha dejado de usar el *camauro*, el bonete de terciopelo púrpura ribeteado de armiño que Juan XXIII había vuelto a utilizar. Cuando hace frío, se pone una amplio abrigo rojo con una esclavina sujeta que cae hasta la cintura. En invierno, o cuando hace mucho sol, suele llevar un gran sombrero rojo. En los pies, unos mocasines rojos, que sólo recuerdan vagamente los antiguos zapatos con hebilla que llevaban sus predecesores.

En las ceremonias públicas se reviste con el hábito de coro. Sobre la sotana se pone el roquete, una especie de sobrepelliz ceñido y muy delicado, y la muceta de seda. No ha querido usar en invierno la muceta de terciopelo ribeteada de plumas de cisne, que sus predecesores se ponían desde el día de Todos los Santos hasta la Ascensión. Cuando recibe a un embajador de un país católico, se pone la estola sobre la muceta.

■ *Celebración de un matrimonio ordinario.*

En las ceremonias litúrgicas, utiliza actualmente los mismos hábitos que los obispos. Sobre la sotana se reviste con el alba, el cordón, la estola, la casulla sobre la cruz pectoral y el palio en el pecho. Después de Juan XXIII, el papa ha dejado de usar una falda de seda blanca muy ancha, que se llevaba debajo del alba para evitar que se vieran los pies del papa, lo que había hecho tropezar torpemente más de una vez a Pío XII en las escaleras. También ha dejado de usar una especie de manípulo blanco con rayas azules que el papa llevaba encima de la casulla... para evitar la transpiración, así como el *succintorium*, una especie de cordón plano que solía ponerse sobre el alba. Desde que Pablo VI hizo vender la tiara que le habían regalado los milaneses, el papa ha dejado de llevarla y ya no se realiza la coronación, que ha sido sustituida por una ceremonia de entronización en la que el cardenal protodiácono impone el palio al papa que ha resultado elegido. Juan Pablo II ha renunciado también a usar las dos mitras tradicionales, la valiosa mitra incrustada de pedrería y la mitra *auriphrygiata*, la mitra tejida en oro, más ligera. Utiliza las mitras de Pablo VI, más sencillas y menos pesadas. En las misas de réquiem o de difuntos, los papas llevaban una mitra blanca tejida en plata. Sólo se utilizaba dos colores litúrgicos, el blanco y el rojo, pero Pablo VI empezó a utilizar otros, especialmente el verde, y por primera vez. [...]

Los preferidos del papa

Como hemos visto, tanto en grupo como en las audiencias generales, el papa recibe a todos los que quieren verle. Pero tiene sus preferidos, algunos grupos de gente mayor, o que sufren alguna discapacidad o tienen cualquier otro problema.

Así, por ejemplo, todos los miércoles, antes de la audiencia general, recibe a grupos numerosos de niños que se apiñan en la basílica de San Pedro. Son por tanto los primeros en ser recibidos. Los niños le llaman, el papa les responde y se inicia el diálogo. Les toma en brazos y canta con ellos. Cada semana se suceden estas emocionantes escenas. El domingo anterior a Navidad, invita a todos los alumnos de las escuelas primarias de Roma a reunirse en la plaza de San Pedro y a que lleven el niño Jesús de su belén familiar, y después del ángelus, el papa bendice a todo este público infantil que agita el niño Jesús. El espectáculo resulta especialmente conmovedor.

El papa también da preferencia a los lisiados, a los discapacitados y a los ancianos. A menudo le he visto detenerse afectuosamente junto a grupos de mujeres que viven en una residencia de ancianas y a las que las religiosas han acompañado a la audiencia. A todos los

■ *Viaje a África.*

que considera más débiles o más desheredados, el papa les concede una especial atención. [...] Juan Pablo II no se contenta con estudiar los informes ni con conocer a los hombres. Ha decidido hacer lo que no hicieron ninguno de sus predecesores, es decir, dar los sacramentos a los romanos para demostrarles que él es su obispo. Le hemos visto dando la comunión, confesando, bautizando y casando en San Pedro o en su capilla. Por supuesto, se trata de gestos aislados, sólo simbólicos, pero ¿qué otra cosa hace un obispo corriente? Y todavía más: ha decidido ir a visitar a sus diocesanos a su propia parroquia.

Así pues, casi todos los domingos, excepto en verano cuando está en Castel Gandolfo o de viaje, el papa visita por la tarde una de las parroquias de Roma ¡y hay doscientas noventa y tres en el programa! Para conocer mejor las características del barrio que va a visitar, no es extraño que durante la semana invite a su mesa al sacerdote y a los vicarios de la iglesia que honrará el domingo con su presencia. Previamente también ha hablado de la parroquia que va a visitar con el cardenal vicario y con el auxiliar responsable del sector. Sale de San Pedro hacia las cuatro de la tarde con un pequeño cortejo, en dos coches, acompañado por el prefecto de su Casa, de su secretario monseñor Dziwisz y de uno o dos prelados. Le preceden los motoristas de la policía italiana, los de seguridad le escoltan detrás, pero el

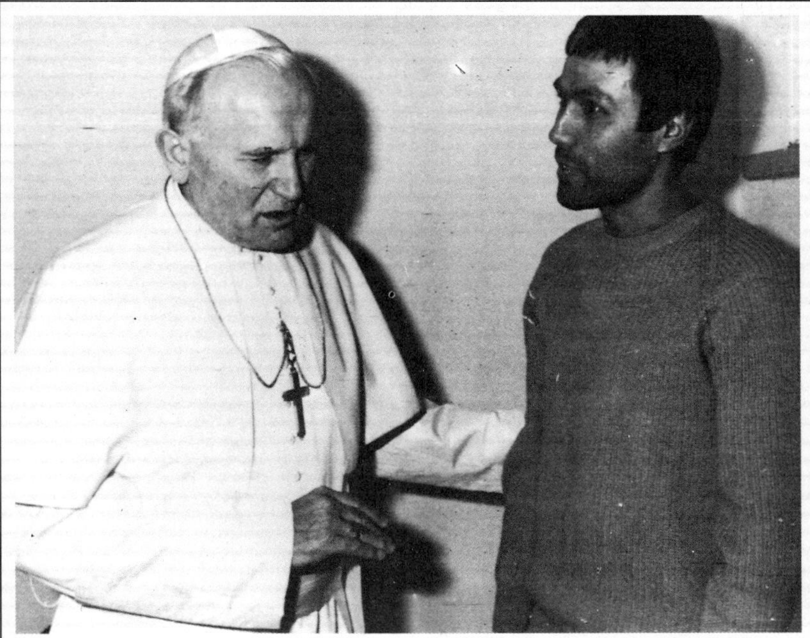

■ *Entrevista con Mehmet Alí Agca, autor del atentado del 13 de mayo de 1981. El papa le perdonó, con el consiguiente arrepentimiento del primero.*

servicio de orden es discreto porque al papa le disgustan enormemente los despliegues de fuerza a su paso. Cuando llega al límite de la parroquia, le reciben el cardenal vicario, el obispo auxiliar del sector y el sacerdote. El cortejo avanza de nuevo, pero en seguida el papa se ve obligado a salir del coche. Las aceras rebosan de una muchedumbre alegre que grita y llama al papa. Se acerca, les da la mano y habla con la gente. Hay un ambiente festivo, sobre todo en los barrios populares. «Un domingo por la tarde —cuenta Marianne Lohse, enviada especial de *Le Figaro*— canté *Madonella, Madonella sei la gloria del quartiere* (Hermosa Señora, eres la gloria del barrio) con los parroquianos de la via Tiburtina, y estuve a punto de morir ahogada entre una abuela que llevaba un periscopio de cartón y un joven padre cuyo hijito llevaba un globo con una cabeza de Jesucristo.»

A veces el papa tarda más de una hora en llegar a la iglesia rebosante de gente, iluminada *a giorno* y llena de flores. En la homilía, dice simplemente a los que le escuchan que él es su obispo, su padre, que deben amarse, respetarse, intentar ser justos y que, para conseguirlo, deben pedir a la Virgen, su madre, que les ayude. Les habla en su lengua, se establece una corriente afectiva. A los romanos les gusta este polaco que vibra como ellos, y con el que pueden establecer una relación cordial.

Jean Chélini,
Jean-Paul II au Vatican

ORGANIGRAMA

¿Quién realiza cada una de las tareas en el Vaticano? ¿Cómo está articulada la jerarquía que rige la comunidad católica de todo el mundo desde el estado más pequeño de la Tierra?

JERARQUÍA CATÓLICA

- Cardenales
- Patriarcas
- Arzobispos
- Obispos
- Sacerdotes
- Fieles

En la cúspide de la jerarquía, el **papa**, obispo de Roma, preside la Iglesia católica. Soberano de un Estado independiente, la ciudad del Vaticano, dirige la Iglesia de todo el mundo a través de la **curia romana.**

La **jerarquía católica** implica la subordinación de los poderes sagrados de la Iglesia y su distribución territorial. El papa trabaja con los **cardenales.** Se reúne con ellos en consistorio o les delega funciones específicas. Los cardenales asumen el ínterin cuando muere un papa y mientras se elige al sucesor. Los patriarcas, los metropolitanos y los arzobispos ejercen un poder de segunda instancia a nivel regional, entre los obispos y el papa. En Occidente, después de la centralización romana, de hecho estos títulos son honoríficos: los patriarcas, metropolitanos y arzobispos no tienen ningún poder sobre los obispos sufragáneos. El otro polo del poder eclesiástico se centra pues en los obispos que presiden las diócesis.

La **curia romana** es el conjunto de organismos encargados del gobierno ordinario de la Iglesia, y asume todos los aspectos del gobierno papal: político,

religioso, administrativo y judicial. Existen tres organismos que ocupan una posición predominante. El **secretariado de Estado** se ocupa de las relaciones entre el papa y la Iglesia universal, y de las relaciones con los poderes civiles. La **Congregación para la doctrina de la fe** examina las cuestiones relacionadas con la fe y las costumbres. Ejerce también las funciones de un tribunal. El **Tribunal Supremo de la Signatura Apostólica** es el tribunal de la última instancia. El **gobierno de la ciudad del Vaticano** tiene actualmente una importancia menor.

CRONOLOGÍA

Esta lista no incluye a los antipapas

1. S. Pedro † 67 (?)
2. S. Lino 67-79 (?)
3. S. Anacleto 79-90 (?)
4. S. Clemente I 90-99 (?)
5. S. Evaristo 99-107 (?)
6. S. Alejandro I 107-116 (?)
7. S. Sixto I 116-125 (?)
8. S. Telesforo 125-136 (?)
9. S. Higinio 136-140 (?)
10. S. Pío I 140-154/155 (?)
11. S. Aniceto 154/155-166
12. S. Sotero 166-174
13. S. Eleuterio 174-189
14. S. Víctor I 189-198
15. S. Ceferino 198-217
16. S. Calixto I 217-222
17. S. Urbano I 222-230
18. S. Ponciano 230-235
19. S. Antero 235-236
20. S. Fabiano 236-250
21. S. Cornelio 251-253
22. S. Lucio I 253-254
23. S. Esteban I 254-257
24. S. Sixto II 257-258
25. S. Dionisio 260-268
26. S. Félix I 269-274
27. S. Eutiquiano 275-283
28. S. Cayo 283-296
29. S. Marcelino 296-304
30. S. Marcelo 307-309
31. S. Eusebio 309
32. S. Melquíades 311-314
33. S. Silvestre I 314-335
34. S. Marcos 336
35. S. Julio I 337-352
36. S. Liberio 352-366
37. S. Dámaso I 366-384
38. S. Ciricio 384-399
39. S. Anastasio I 399-402
40. S. Inocencio I 402-417
41. S. Zósimo 417-418
42. S. Bonifacio I 418-422
43. S. Celestino I 422-432
44. S. Sixto III 432-440
45. S. León I 440-461
46. S. Hilario 461-468
47. S. Simplicio 468-483
48. S. Félix II (III) 483-492
49. S. Gelasio I 492-496
50. S. Anastasio II 496-498
51. S. Símaco 498-514
52. S. Hormisdas 514-523
53. S. Juan I 523-526
54. S. Félix III (IV) 526-530
55. S. Bonifacio II 530-532
56. Juan II (Mercurio) 533-535
57. S. Agapito I 535-536
58. S. Silverio 536-537
59. Vigilio 537-555
60. Pelagio I 556-561
61. Juan III 561-564
62. Benedicto I 575-579
63. Pelagio II 579-590
64. Gregorio I 590-604
65. Sabiniano 604-606
66. Bonifacio III 607
67. S. Bonifacio IV 608-615
68. S. Deodato 615-618
69. Bonifacio V 619-625
70. Honorio I 625-638
71. Severiano 640
72. Juan IV 640-642
73. Teodoro I 642-649
74. S. Martín I 649-653/655
75. S. Eugenio I 654-657
76. S. Vitaliano 657-672
77. Adeodato 672-676
78. Donino 676-678
79. S. Agatón 678-681
80. S. León II 682-683
81. S. Benedicto II 684-685
82. Juan V 685-686
83. Conón 686-687
84. S. Sergio I 687-701
85. Juan VI 701-705
86. Juan VII 705-707
87. Sisinio 708
88. Constantino I 708-715
89. S. Gregorio II 715-731
90. S. Gregorio III 731-741
91. S. Zacarías 741-752
92. Esteban II 752-757
93. S. Pablo I 757-787
94. Esteban III 768-772
95. Adriano I 772-794
96. S. León III 795-816
97. Esteban IV 816-817
98. S. Pascual I 817-824
99. Eugenio II 824-827
100. Valentín 827
101. Gregorio IV 827-844
102. Sergio II 844-847
103. S. León IV 847-855
104. Benedicto III 855-858
105. S. Nicolás I 858-867
106. Adriano II 867-872
107. Juan VIII 872-882
108. Marino I 882-884
109. S. Adriano III 884-885
110. Esteban V 885-891
111. Formoso 891-896
112. Bonifacio VI 896
113. Esteban VI 896-897
114. Romano 897
115. Teodoro II 897
116. Juan IX 898-900
117. Benedicto IV 900-903
118. León V 903
119. Cristóbal 903-904
120. Sergio III 904-911
121. Anastasio III 911-913
122. Landón 913-914
123. Juan X 914-928
124. León VI 928
125. Esteban VII 929-931
126. Juan XI 931-935
127. León VII 936-939
128. Esteban VIII 939-942
129. Marino II 942-946
130. Agapito II 946-955
131. Juan XII 955-964
132. León VIII 963-965
133. Benedicto V 964
134. Juan XIII 965-972
135. Benedicto VI 973-974
136. Benedicto VII - 974-983
137. Juan XIV 983-984
138. Bonifacio VII 984-985
139. Juan XV 985-996
140. Gregorio V 996-999
141. Silvestre II 999-1003
142. Juan XVII 1003
143. Juan XVIII 1003-1009
144. Sergio IV 1009-1012
145. Benedicto VIII 1012-1024
146. Juan XIX 1024-1032
147. Benedicto IX 1032-1044
148. Silvestre III 1045
149. Gregorio VI 1045-1046
150. Clemente II 1046-1047
151. Dámaso II 1048
152. S. León IX 1049-1054
153. Víctor II 1055-1057
154. Esteban IX 1057-1058
155. Benedicto X 1058-1059
156. Nicolás II 1058-1061
157. Alejandro II 1061-1073
158. S. Gregorio VII 1073-1085
159. B. Víctor III 1086-1087
160. B. Urbano II 1088-1099
161. Pascual II 1099-1118
162. Gelasio II 1118-1119
163. Calixto II 1119-1124
164. Honorio II 1124-1130
165. Inocencio II 1130-1143
166. Celestino II 1143-1144
167. Lucio II 1144-1145
168. B. Eugenio III 1145-1153
169. Anastasio IV 1153-1154
170. Adriano IV 1154-1159
171. Alejandro III 1159-1181
172. Lucio III 1181-1185
173. Urbano III 1185-1187
174. Gregorio VIII 1187
175. Clemente III 1187-1191

176. Celestino III 1191-1198
177. Inocencio III 1198-1216
178. Honorio III 1216-1227
179. Gregorio IX 1227-1241
180. Celestino IV 1241
181. Inocencio IV 1243-1254
182. Alejandro IV 1254-1261
183. Urbano IV 1261-1265
184. Clemente IV 1265-1268
185. B. Gregorio X 1271-1276
186. B. Inocencio V 1276
187. Adriano V 1276
188. Juan XXI 1276-1277
189. Nicolás III 1277-1280
190. Martín IV 1281-1285
191. Honorio IV 1285-1287
192. Nicolás IV 1288-1292
193. S. Celestino V 1294
194. Bonifacio VIII 1294-1303
195. S. Benedicto XI 1303-1304
196. Clemente V 1305-1314
197. Juan XXII 1316-1334
198. Benedicto XII 1334-1342
199. Clemente VI 1342-1352
200. Inocencio VI 1352-1362
201. B. Urbano V 1362-1370
202. Gregorio XI 1370-1378
203. Urbano VI 1378-1389
204. Bonifacio IX 1389-1404
205. Inocencio VII 1404-1406
206. Gregorio XII 1406-1415
207. Martín V 1417-1431
208. Eugenio IV 1431-1447
209. Nicolás V 1447-1455
210. Calixto III 1455-1458
211. Pío II 1458-1464
212. Paulo II 1464-1471
213. Sixto IV 1471-1484
214. Inocencio VIII 1484-1492
215. Alejandro VI 1492-1503
216. Pío III 1503
217. Julio II 1503-1513
218. León X 1513-1521
219. Adriano VI 1522-1523
220. Clemente VII 1523-1534
221. Paulo III 1534-1549
222. Julio III 1550-1555
223. Marcelo II 1555
224. Paulo IV 1555-1559
225. Pío IV 1559-1565
226. S. Pío V 1566-1572
227. Gregorio XIII 1572-1585
228. Sixto V 1585-1590
229. Urbano VII 1590
230. Gregorio XIV 1590-1591
231. Inocencio IX 1591
232. Clemente VIII 1592-1605
233. León XI 1605
234. Pablo V 1605-1621
235. Gregorio XV 1621-1623
236. Urbano VIII 1623-1644
237. Inocencio X 1644-1655
238. Alejandro VII 1655-1667
239. Clemente IX 1667-1669
240. Clemente X 1670-1676
241. B. Inocencio XI 1676-1689
242. Alejandro VIII 1689-1691
243. Inocencio XII 1691-1700
244. Clemente XI 1700-1721
245. Inocencio XIII 1721-1724
246. Benedicto XIII 1724-1730
247. Clemente XII 1730-1740
248. Benedicto XIV 1740-1758
249. Clemente XIII 1758-1769
250. Clemente XIV 1769-1774
251. Pío VI 1775-1799
252. Pío VII 1800-1823
253. León XII 1823-1829
254. Pío VIII 1829-1830
255. Gregorio XVI 1831-1846
256. Pío IX 1846-1878
257. León XIII 1878-1903
258. S. Pío X 1903-1914
259. Benedicto XV 1914-1922
260. Pío XI 1922-1939
261. Pío XII 1939-1958
262. Juan XXIII 1958-1963
263. Pablo VI 1963-1978
264. Juan Pablo I 1978
265. Juan Pablo II 1978-

GLOSARIO

Academias - Cinco instituciones que dependen de la Santa Sede y cuyo objetivo es poner de manifiesto la presencia de la Iglesia en el ámbito de las ciencias, las artes y las letras.

Bendición - *Común*, que se imparte al final de una audiencia o por escrito; o solemne, llamada también *Urbi et Orbi*, que se da en circunstancias extraordinarias, desde la logia de San Pedro.

Bula - Documento solemne sellado por una bula de plomo en la que están grabadas las llaves de san Pedro y el nombre del papa. Eran frecuentes en la Edad Media, hoy casi han desaparecido.

Cámara Apostólica - El cardenal camarlengo constata y anuncia la muerte del papa, antes de tomar posesión de los palacios apostólicos.

Concilio ecuménico - Asamblea de todos los obispos convocados por el papa para decidir sobre aspectos importantes de la fe cristiana.

Cónclave - Reunión de los cardenales para elegir al papa por una mayoría de dos tercios.

Concordato - Pacto entre el papa y los Estados modernos para solucionar sus litigios.

Condecoraciones - Cinco órdenes de caballería: la orden suprema de Cristo, la orden de la espuela de oro, la orden Pío IX, la orden de san Gregorio Magno y la Orden de san Silvestre.

Congregación de la doctrina de la fe - Tiene por objetivo el seguimiento de todo lo que se refiere a la doctrina y a las costumbres en la Iglesia católica.

Consistorio - Asamblea de cardenales que discuten y juzgan los asuntos de la Iglesia.

Curia romana - Organismos que participan junto con el papa en el gobierno de la Iglesia.

Derecho canónico - Conjunto de leyes que rigen la Iglesia católica. El código de derecho canónico actual fue promulgado el 25 de enero de 1983.

Encíclica - Carta circular pontificia, dirigida a los obispos (recientemente al mundo entero).

Himno - Actualmente, el himno del Vaticano es la *Marcha sacerdotal*, de Charles Gounod, cuya letra se adaptó en 1993.

Infalibilidad - Calidad reconocida al papa por la que éste no puede equivocarse cuando define un aspecto de la fe o de las costumbres.

Legado papal - Representante del papa (en general, un cardenal) en una circunstancia especial. Los viajes del papa prácticamente han hecho desaparecer esta figura tradicional.

Letrán (acuerdos de) - Tratado y concordato firmado entre el papado e Italia en 1929, que puso fin a la «cuestión romana»: la ocupación de los Estados pontificios.

Llaves (poder de las) - Referencia al Evangelio según san Mateo, 16, 19: «Te daré las llaves del reino de los Cielos.» Poder supremo del papa, representado por dos llaves cruzadas.
Magisterio - Poder que se reconoce a los obispos de interpretar fielmente la palabra de Dios. De hecho, la definición de la infalibilidad del papa restringe la noción de magisterio únicamente a este último.
Nuncio apostólico - Representante de la Santa Sede en los Estados. Su principal función es el mantenimiento de las relaciones entre el papa y los obispos del país.
Osservatore romano - Periódico del Vaticano fundado en 1816. La edición diaria se hace en italiano, y la semanal en siete lenguas: italiano, francés, inglés, español, portugués y alemán.
Palio - Franja estrecha de lana blanca con pequeñas cruces, que representa el poder pontificio. El papa lo confiere a los obispos.
Primacía - Poder de jurisdicción inmediata y directa del papa en todas las diócesis.
Radio Vaticano - Fue creada en 1931 y está dirigida por los jesuitas. Las retransmisiones se realizan en 35 lenguas.
Sala de prensa - Creada por Pablo VI, la sala de prensa es el lugar de encuentro del portavoz del Vaticano con los periodistas.
Silla gestatoria - Silla portátil que procede de la Antigüedad. Fue suprimida por Pablo VI. Juan Pablo II la sustituyó por el papamóvil, un coche de una altura considerable equipado con un cristal antibalas.
Sínodo - Es un sinónimo de concilio. Actualmente es el consejo de obispos convocados por el papa.
Tiara - Tocado alto, blanco, adornado con tres coronas que representan el poder espiritual y temporal del papa. Fue abolida por Pablo VI.
Universidad pontificia - Instituto de enseñanza superior que depende directamente de la Santa Sede. En Roma hay cinco, y en otras partes del mundo existen otras que llevan el mismo nombre.
Visite ad limina - Obligación de los obispos de ir a Roma cada cinco años para rezar en la tumba de los apóstoles, entrevistarse con el papa y presentar un informe sobre la situación de su diócesis.

BIBLIOGRAFÍA

Obras generales

Kelly, J. N. D.: *Dictionnaire des papes*, París, Brépols, 1994.
Bien documentado y de fácil lectura.

Levillain, Ph.: (dir) *Dictionnaire historique de la papauté*, París, Fayard, 1995.
Es una verdadera enciclopedia sobre el papado.

Mathieu-Rosay, J.: *La véritable histoire des papes: du royaume des cieux aux royaumes terrestres*, París, Grancher, 1991.
El papado visto por un católico inconformista. Resulta estimulante y muy agradable de leer.

Pacaut, M.: *Histoire de la papauté de l'origine au concile de Trente*, París, Fayard, 1976.
Obra de un especialista del papado en la Edad Media.

Poupard, P.: *Le Pape*, París, «Que sais-je?», 1990.
Interesante para una primera aproximación al tema.

La Antigüedad

Bessière, G.: *Pierre, pape malgré lui*, París, Flammarion, 1989.
Una información sólida con un estilo cautivador.

McShane, Ph.: *La Romanitas et le pape Léon le Grand: l'apport culturel des institutions impériales à la formation des structures ecclésiastiques*, Tournai, 1979.
Una investigación puntual sobre la sucesiva evolución de la Iglesia y el papado.

Pietri, C.: «Roma Christiana». *Recherches sur l'Église de Roma, son organisation, sa politique de Milziade à Sixte III (311-440*, Bibliotecas de las Écoles françaises de Atenas y Roma, 1977, 2 vols.
Una obra de arte.

La Edad Media

Arquillière, H. X.: *Saint Grégoire VII: essai sur la conception du pouvoir pontifical*, París, Vrin, 1934.
Uno de los primeros intentos llevado a cabo por un católico para explicar la cuestión del poder pontificio sin recurrir a la apologética tradicional.

Congar, Y.: *L'ecclésiologie du haut Moyen Age: du saint Grégoire le Grand à la désunion entre Byzance et Rome*, París, Cerf, 1968.
El trasfondo ideológico que precedió a la reforma gregoriana. Aconsejable para comprender la historia.

Duchesne, L.: *Les premiers temps de l'État pontifical*, París, Fontemoing, 1911, 2.ª edición.
Uno de los primeros frutos del método crítico aplicado por un católico al papado.

Fliche, M.: *Reforma gregoriana y reconquista.* Edicep, 1976.
Un libro de referencia sobre una compleja cuestión de la estructura de la Iglesia.

Mollat, G.: *Les Papes d'Avignon (1305-1378)*,

2.ª ed., Letouzey & Ané, París, 1964.
Una de las mejores síntesis sobre el tema.

Paravicini Bagliani, A.: *La Cour des papes au XIIIe siècle*, París, Hachette, 1995.
La vida cotidiana de los papas. Excelente.

Valois, N.: *L'Église et le Concile, 1418-1450*, París, 1909, 2 vols.
Antiguo pero insustituible.

El Renacimiento y los Tiempos modernos

Chelini, J.: *L'Église sous Pie XII*, París, Fayard, 1983-1989, 2 vol.
Serio y bien documentado.

—, *Jean Paul II au Vatican*, París, Hachette, 1995.
Entre bastidores ...

Latreille, A.: *Église catholique et Révolution française*, París, Hachette, 1946, 2 vols.
Todos los aspectos del conflicto analizados sin rencor.

Marc-Bonet, H.: *Les papes de la Renaissance*, París, «Que sais-je?», 1969.
Una primera aproximación precisa.

Mollat, G.: *La question romaine de Pie VI à Pie XI*, París, Le Coffre, 1932.
Este libro, publicado poco después de los acuerdos de Letrán, es una recapitulación sobre la famosa «cuestión».

Pastor, L.: *Histoire des papes depuis la fin du Moyen Age*, París, Plon-Argences, 1888-1962, 22 vols.
Indispensable. Esta traducción pone al alcance de los lectores franceses un tesoro de erudición.

Passalecq, G. y B. Suchecky: *L'encyclique cachée de Pie XI, une occasion manquée de l'Église face à l'antisémitisme*, París, La Découverte, 1995.
Un texto único sobre esta encíclica descubierta, junto con una introducción esencial sobre el tema.

ÍNDICE DE ILUSTRACIONES

CUBIERTAS

PRIMERAS PÁGINAS

CAPÍTULO I

CAPÍTULO II

en las catacumbas, Museo de Orsay, París.
29 «Los primeros mártires cristianos», frescos de la primera capilla del monasterio de Humor, s. XVI. Rumania.
30a El papa Silvestre, fresco del s. V, basílica de San Pablo Extramuros. Museo de la civilización romana, Roma.
30b Nave de la antigua basílica de Constantino, de Domenico Tasselli, s. XVI, basílica de San Pedro, Roma.
31 «Los arrianos», miniatura de un man. griego de las *Homilías de Bizancio*, Bibliot. nac., París.
32 Charles de Coubertin, *El beso de la paz en la catacumbas*. Museo de Bellas Artes, Rouen.
33i Monograma de Cristo, mármol romano. Museo del Vaticano, Roma.
33d «San Mateo», placa esmaltada sobre oro de finales del s. X, arte bizantino. Museo de Cluny, París.
34-35 «Encuentro de Atila con León I», fresco de Rafael, Stanze, Vaticano, Roma.
35a «Destrucción de los libros heréticos de los macedonios en el concilio de Constantinopla», miniatura del s. IX. Biblioteca del capitular de Vercelli, Italia.
36b Trono de Constantinopla, miniatura griega del s. XVI. Bibliot. nac. Palermo.
36a Plano de la ciudad de Constantinopla hacia 1420, in *Mapa de rutas del archipiélago de Buondelmonte*, Bibliot. nac., París.
37 *La misa de san Gregorio*, pintura de la Escuela francesa del s. XVI. Louvre, París.
38i «San Gregorio escribiendo», fresco atribuido a Giovanni di Corraduccio, principios del s. XVI, iglesia de San Francisco, Montefalco, Umbria.
38d «El papa Gregorio ofreciendo un modelo de iglesia», mosaico de la iglesia de San Marcos, Roma.
39 «Benedicto haciendo brotar agua de la cima de la montaña», fresco de Sodoma, hacia 1505, abadía de Monte-Oliveto Maggiore.

CAPÍTULO III

40 «El papa sueña que Santo Domingo salva la Iglesia católica», pintura anónima del s. XVI. Museo de Capodimonte, Nápoles.
41 «Asamblea de papas, obispos y abades», miniatura del s. XIII. Bibliot. municipal, Laon.
42 «Concilio de la Iglesia de Toledo», miniatura del *Libro de los concilios*, man. ilustrado del s. XIII. Biblioteca Nacional, Madrid.
42-43 *Consagración de Pipino el Breve por el papa Esteban II en Saint-Denis*, detalle de una pintura de François Dubois, 1837. Museo de Versalles.
43a *Bautismo de Clovis por el obispo Remigio de Reims*, pintura del maestro de Saint-Gilles, hacia 1500. National Gallery, Washington.
44-45 *La donación de Constantino*, fresco del s. XIII, iglesia de los Cuatro Santos Coronados, Roma.
46i «Coronación de Carlomagno», miniatura extraída de las *Chroniques de Saint-Denis* de Jean Fouquet, s. XVI. Bibliot. nac., París.
46d «Juramento de inocencia de León III», fresco de Rafael, Vaticano, Roma.
47 La Dalmacia imperial, grabado del s. XIX según el original que se conserva en el Vaticano. Bibl. de las Artes decorativas, París.
48-49 *El papa Formoso y Esteban VI*, pintura de Jean-Paul Laurens. Museo de Nantes.
50-51 «El papa León IV excomulga a Miguel, patriarca de Constantinopla», miniatura de un man. griego, s. XVI. Bibl. nac., Palermo.
51a *La batalla de Civitella*, pintura de Adolphe Roger, 1841, detalle. Museo de Versalles.
52-53id *El emperador Enrique IV en Canossa*, detalle y conjunto, pintura de Eduard Schwoiser, 1862. Stiftung Maximilianeum, Munich.
52-53 «El papa se encuentra con la condesa Matilde», fresco de Giovanni Francesco Romanelli, hacia 1640, detalle. Sala de la condesa Matilde, Vaticano.
54a *El emperador Enrique IV a los pies del papa Gregorio VII*, grabado al aguafuerte según un dibujo de Federico Zuccari. Bibl. nac., París.
54b «Urbano VIII consagra la iglesia de Cluny», miniatura de un man. latino del s. XII, Bibl. nac., París.
55i *san Bernardo predica la segunda cruzada en Vézelay, el 31 de marzo de 1146*, pintura de Emile Signol, 1840. Museo de Versalles.
55d «El concilio de Clermont», miniatura extraída del *Miroir historial* de Vincent de Beauvois, man. del s. XVI. Museo Condé, Chantilly.
56 «El concilio de Clermont», grabado de un manus. de 1522.
57a «El poder espiritual y el poder temporal», miniatura que ilustra *Decretos de Graciano*, man. del s. XIV. Biblioteca municipal, Amiens.
57b «A los pies del Divino Legislador, el papa y el emperador reciben la tiara y la espada», *Decretos de Graciano*, man., s. XIV. Biblioteca Marciana, Venecia.
58 «El papa Alejandro III y el dux Sebastiano Ziani», pintura de Leandro Bassano. Palacio de los Dux, Venecia.
59a «San Francisco de Asís recibiendo los estigmas», de Pesellino. Museo de los Oficios, Florencia.
59b «San Francisco y santo Domingo en el concilio de Letrán en 1215», detalle de un

CAPÍTULO IV

CAPÍTULO V

96-97 *Pío IV preside la apertura del concilio del Vaticano, el 18 de julio de 1870*, pintura anónima. Museo Pío IX, Senigallia.
98a Apertura del concilio Vaticano en 1869, litogr. Bibl. nac., París.
98b Pío IX en su trono de mano en el concilio del Vaticano, 1869-1870, litogr. de la época. Bibl. de las artes decorativas, París.
99. *El poder de los demonios*, pintura de Mihaly Zichy, 1878. Zichy Museum, Zala, Hungría.
100a Pluvial pontificio, 1911. Museo de Klosterneuburg.
100b Dalmática pontificia, *ídem*.
101 Tiara de la estatua en bronce de san Pedro. Museo del Tesoro, basílica de San Pedro, Roma.
101b Ínfula pontificia, creación de Anton Hofer, 1911. Museo de Klosterneuburg.
102 «El papa León XIII da la bendición apóstolica delante de un fonógrafo», grabado de Achille Beltrame para *La Domenica del Corriere*, 1903.
102-103 Vista de la plaza de San Pedro durante una bendición papal, hacia 1880. Fotografía.
104a Recuerdo de León XIII, fotografía coloreada.
104b *Ídem*, litog. 1893. Bibl. nac., París.
105 Pío X en el Vaticano, postal, hacia 1910.

CAPÍTULO VI

106 Juan XXIII, fotografía, hacia 1960.
107 Juan Pablo II y Nelson Mandela, Sudáfrica, 16 de septiembre 1995.
108 Benedicto XV, fotografía en *L'Illustration*, 1921.
109a Escudo de armas de Benedicto XV, litog. según un dibujo de Otto Hupp, 1916.
109b Benedicto XV, fotografía en *L'Ilustration*, 1915.
110a «La T.S.F. instalada en el Vaticano», en Le Pèlerin, 8 mayo 1931.
110b Panorámica de San Pedro antes de las obras de abertura de la «via de la Concilizione», fotografía. Fondos Ceccarius, Bibliot. nacional, Roma.
111 El papa y Mussolini, caricatura del periódico alemán *Simplicissimus*, marzo 1929. Bibl. nacional, París.
112a Plaza de San Pedro y panorámica de la ciudad, con la cúpula de la basílica, hacia 1900.
112b 16 de febrero de 1929: Mussolini y el cardenal Gaspard firman los acuerdos de Letrán, fotografía.
113 Vista de la ciudad y la «via de la Conciliazione», desde la basílica de San Pedro.
114 El papa Pío XII, postal del año jubileo 1942-1943, col. partic., París.
115 Entrada de Pío XII en San Juan de Letrán, 1939.
116i Llegada de Juan XXIII al concilio Vaticano II.
116d Juan XXIII.
117a Concilio Vaticano II, 1961.
117b Anuncio de la muerte de Juan XXIII.
118 Pablo VI recibe al patriarca Atenágoras en la basílica de San Pedro, en Roma, el 26 de octubre 1967.
118-119 Pablo VI tras ser elegido papa, el 10 de julio de 1963.
120i Juan Pablo I en una recepción con la comunidad polaca de Francia, 10 de junio 1980.
120d Juan Pablo I, unos días después de su elección.
121 Bendición *Urbi et Orbi*, Roma, San Pedro, Pascua de 1992.
122 Juan Pablo II, viaje a Irlanda, 1979.
123a *Ídem*, Costa de Marfil, 1986.
123b *Ídem*, Puerto Rico, 1984.
124-125 Juan Pablo II en la plaza del Vaticano.
126a *Ídem*, Annecy, Francia, 7 de octubre 1986.
126b *Ídem*, Polonia, 1979, con el cardenal Wyszynski.
127 Brasil, 1980.
128 Dakar, febrero 1992.

TESTIMONIOS Y DOCUMENTOS

129 San Pedro visto desde la villa Malta en el Aventino.
130 «San Pedro con las llaves», fresco de la Iglesia de San Francisco en Narni, Italia.
131 Inscripción del papa Dámaso, Catacumba de San Calixto, Roma.
133 «El papa Gregorio dictando a un escriba», miniatura del s. XII. Bibl. munic., Laon.
134 «Tribunal de la Santa Rota romana», grabado en colores, 1717.
137 Frontispicio de las *Memorias de ultratumba*, Chateaubriand, París 1849.
138 «Sixto IV ordena al cardenal Platina la creación de la Bibl. apostólica vaticana», pintura de Melozzo da Forlì. Pinacoteca, Vaticano.
139 Interior de la basílica de San Pedro, grabado del s. XVIII.
141 Basílica de San Pedro, grabado de Falda, s. XVIII.
143 Bendición de Pío IX en el Vaticano.
144 Inauguración del concilio Vaticano I, 8 de diciembre de 1869.
146 Juan XXIII.
147 Llegada de los participantes en el concilio Vaticano II.
148 Concilio Vaticano II.
151 Juan Pablo II y el patriarca de la comunidad armenia, Estambul, diciembre 1979.
153 Juan Pablo II recibe al rabino Toaff, 1986.
154 Juan Pablo II saliendo del Vaticano por el Arco delle Campane.
155 Firma de una encíclica.
159 El papa rezando en su capilla privada.
161 Celebración de un matrimonio «ordinario».
162 Viaje a Nigeria.
163 Entrevista con Mehmet Alí Agca, en la cárcel, diciembre de 1983.

ÍNDICE ALFABÉTICO

A

B

C

D

E

F

G

H

I

J-K

L

M

N

O

P

Q

R

CRÉDITOS FOTOGRÁFICOS

a = arriba;
b = abajo;
c = centro;
d = derecha;
i = izquierda

Archiv für Kunst und Geschichte, Berlín 52-53id, 58, 60-61, 68, 74, 99, 109a. Archives Gallimard Jeunesse 25b, 31, 36a, 102-103, 110b, 137, 139. Artephot/A. Held 63, 82. Artephot/A.D.P.C. 144. Artephot/Nimatallah, 22b, 96. Artephot/Oronoz 42. Biblioteca Nacional, París 54a, 54b, 66a, 93, 104a, 134. CIRIC 124, 125, 148. CIRIC/A. Bujak 11. CIRIC/A. Pinoges 1. CIRIC/CCP 123b. CIRIC/CCP/P. Cocco 4-5, 6-7, 8-9, 121. CIRIC/G. Giuliani 122, 123a, 126b, 127, 153. CIRIC/Ph. Glorieux 128. CIRIC/Syncro/P. Cocco 2-3. Coll. Sirot-Angel 95b, 105. Dagli Orti 18-19, 23i, 24, 30a, 35a, 36b, 40, 50-51, 55d, 57b, 75, 76, 77, 79, 90, 94, 102. Diatheo, 27, 38i, 39, 56, 59b, 64a, 88, 104b, 130, 143. DR cubierta, 19, 29, 62, 64-65, 64b, 70b, 80a, 83, 88-89, 146. Edimedia 18, 34-35, 43a, 46i, 60. Edimedia/Bridgemann 16-17. Gilles Mermet, París 24-25. Giraudon 12, 14-15, 15, 17, 41, 57a, 59a, 84-85, 133. Jean-Loup Charmet, París 47, 48-49, 78-79, 98a, 98b, 110a, 111, 114, 141. Keystone 106, 112b, 115, 116i, 116d, 117b, 118, 118-119, 120i, 120d, 151, 162, 163. Keystone/P. Cotteau 126a. Lauros/Giraudon 20, 32. Magnum/E. Lessing 13, 16, 67, 81, 100a, 100b, 101b. Osservatore Romano/Arturo Mari 154, 155, 159, 161. Photo Daspet, Villeneuve-lès-Avignon 64-65. Réunion des Musées Nationaux 21, 22a, 28-29, 33d, 37, 42-43, 51a, 55i, 65, 68-69, 70a, 80b, 86, 87, 91. Roger-Viollet 66b, 78, 96-97, 112a, 113, 117a, 129. Scala, Florencia 23d, 26, 30b, 33i, 38d, 46d, 52-53c, 71, 72-73, 92, 94-95, 101, 131, 138. Sygma/J. A. Silva 107.